सारा शगुफ़्ता

सारा शगुफ़्ता का जन्म 31 अक्तूबर, 1954 को पाकिस्तान के गुजराँवाला में हुआ। पाकिस्तान के उत्तर-आधुनिक उर्दू शायरों में उनका विशिष्ट स्थान है। अपने व्यथापूर्ण जीवन को आधार बनाकर गद्य शैली में इक़बालिया नज़्में लिखने में वे अपनी मिसाल आप रही हैं। निजी जीवन में बार-बार मिले आघातों से विचलित होकर उन्होंने 4 जून, 1984 को कराची में रेल से कटकर आत्महत्या कर ली, जिसके बाद उनके मित्रों ने उनकी नज़्मों को इकट्ठा कर 1985 में *आँखें* शीर्षक से छपवाया। यह उनकी नज़्मों का पहला संग्रह था। बाद के वर्षों में उनकी और भी बहुत-सी नज़्में मिलीं जिन्हें इकट्ठा कर 1993 में *नींद का रंग* शीर्षक से छापा गया। एक दक़ियानूसी समाज के अन्यायों का शिकार बनी सारा की शायरी को उनकी मौत के बाद व्यापक तौर पर सराहना मिली। उनकी मित्र और सुप्रसिद्ध लेखक अमृता प्रीतम ने जब उनकी जीवनी *एक थी सारा* लिखी तो भारत के साहित्यिक दायरे में भी सारा को लेकर दिलचस्पी बढ़ी, उनके जीवन पर आधारित कई नाटक लिखे और मंचित किए गए।

अर्जुमंद आरा

अर्जुमंद आरा दिल्ली विश्वविद्यालय के उर्दू विभाग में प्रोफ़ेसर हैं। उन्होंने जवाहरलाल नेहरू विश्वविद्यालय से उर्दू साहित्य में उच्च शिक्षा प्राप्त की। उर्दू आलोचना और अनुवाद के क्षेत्र में सक्रिय हैं। धर्मवीर भारती, अरुंधति राय, विभूति नारायण राय, मुशीरुल हसन, गार्गी चक्रवर्ती, राल्फ़ रसल (उर्दू शायरी और ग़ालिब के ब्रिटिश विशेषज्ञ), अतीक़ रहीमी (अफ़ग़ानिस्तान मूल के फ्रांसीसी उपन्यासकार), हसन ब्लासिम (इराक़ी कहानीकार), तय्यब सालिह (सूडानी उपन्यासकार), ताहर बिन जल्लून (मोरक्को मूल के फ्रांसीसी उपन्यासकार) इत्यादि के अनेक उपन्यासों और जीवनियों का उर्दू में तर्जुमा कर चुकी हैं। अनुवाद के लिए उर्दू अकादमी, दिल्ली ने 2013 में उन्हें सम्मानित भी किया।

आँखें

सारा शगुफ़्ता

लिप्यंतरण और सम्पादन
अर्जुमंद आरा

राजकमल पेपरबैक्स

राजकमल पेपरबैक्स में
पहला संस्करण : 2022

राजकमल पेपरबैक्स : उत्कृष्ट साहित्य के जनसुलभ संस्करण

राजकमल प्रकाशन प्रा.लि.
1-बी, नेताजी सुभाष मार्ग, दरियागंज
नई दिल्ली-110 002
द्वारा प्रकाशित

शाखाएँ : अशोक राजपथ, साइंस कॉलेज के सामने, पटना-800 006
पहली मंजिल, दरबारी बिल्डिंग, महात्मा गांधी मार्ग, प्रयागराज-211 001
36-ए, शेक्सपियर सरणी, कोलकाता-700 017

वेबसाइट : www.rajkamalprakashan.com
ई-मेल : info@rajkamalprakashan.com

बी.के. ऑफसेट
नवीन शाहदरा, दिल्ली-110 032
द्वारा मुद्रित

मूल्य : ₹150

AANKHEIN
Nazmein by Sara Shagufta
Transliteration and Editing by Prof. Arjumand Ara

ISBN : 978-93-90971-37-4

कचोके लगाते हैं। सबके अपने-अपने तराज़ू-बाट हैं जिसमें वो सारा के निजी जीवन को अधिक तोलते हैं शायरी को कम।

सारा शगुफ़्ता के निजी जीवन को उपहास और तिरस्कार का निशाना बनाने और उसे हेय दृष्टि से देखने वालों को एक उच्च नैतिक धरातल पर खड़े होने की शक्ति कहाँ से मिल रही थी? क्या सिर्फ़ पुरुष-प्रधान, धर्म-केन्द्रित मान्यताओं और परम्पराओं से? मुझे इसमें सन्देह है। पाकिस्तान में अनेक ऐसी महिला शायर और लेखिकाएँ हैं जो नारी देह और व्यक्तिगत आज़ादी के अधिकार के प्रति अपने विचार निडर होकर व्यक्त करती रही हैं। उन्हें संकीर्ण धार्मिक समाज ने तो अस्वीकार किया लेकिन लेखकों और बुद्धिजीवियों की नज़र में वे कभी उपेक्षा का पात्र नहीं बनीं। सारा शगुफ़्ता की विडम्बना यह है कि उसे साहित्य जगत ने ही उपहास और तिरस्कार का पात्र बनाया। तब इसके मूल कारण धर्म और नैतिकता से अन्यत्र ढूँढ़ने होंगे। और यह 'अन्यत्र' वर्ग और जाति में निहित देखा जा सकता है। भारत की तरह पाकिस्तान में भी उत्कृष्ट साहित्य प्राय: उच्च वर्ग की बपौती रहा है। उच्च जातियों की उस उच्च वर्गीय दुनिया के लिए सारा एक अजनबी थी—एक अन्य, एक ग़ैर। वह किसी पिछड़ी जाति के ग़रीब और अनपढ़ परिवार से थी, और इस तरह शक्तिहीन, पसमांदा होना ही काफ़ी था कि लोग संवेदनहीन और निडर होकर जैसे चाहें उस पर अपनी नैतिकता के डंडों से प्रहार करते, और यही किया भी गया। लेकिन मुस्लिम जगत में चूँकि जाति के विद्यमान होते हुए भी उसके अस्तित्व से इंकार किया जाता रहा है, इसलिए सारा शगुफ़्ता के इस सामाजिक यथार्थ पर कोई लेख नहीं मिलता।

सारा एक जीता-जागता वजूद थी, हाड़-मांस का अस्तित्व। वह कहाँ से आई कहाँ गई—उसके समकालीन लेखकों, परिजनों ने उसके बारे में क्या कुछ दर्ज किया? कुछ तो उसकी कहानी में ऐसा मिलना चाहिए था जिस पर मित्रगणों और परिजनों को नाज़ हो? दस बहन भाइयों, तीन बच्चों में से किसी से तो किसी लेखक ने, पत्रकार ने बातचीत की होगी, किसी ने तो उसे प्यार से याद करते हुए उसके बचपन की यादें बाँटी होंगी। लेकिन कहीं कुछ नहीं मिलता। सारा शगुफ़्ता जैसे एक धब्बा थी जिसे मिटा दिया गया, और सब सन्तुष्ट हो गए कि उनके लिबास फिर से बेदाग़ उजले हो गए हैं।

गिनती के दोस्त थे सारा के!

सारा की मृत्य के बाद अनेक मित्रों और आलोचकों ने लिखा। अनवर सेनराय ने *ज़िल्लतों के असीर* शीर्षक से उपन्यास लिखा जिसमें महिलाओं पर अत्याचार और शोषण के विरुद्ध सारा शगुफ़्ता के जीवन को प्रतीक बनाया। परवीन शाकिर ने सारा पर एक लम्बी नज़्म 'टमाटो केचप' लिखी जिसमें उनकी शख़्सियत के बिखरे पन्नों को समेटने की कोशिश की (लेकिन इन शीर्षकों में ही सारा के एक 'ग़ैर' होने को निहित देखा जा सकता है। शायद कभी कोई इन रचनाओं का जातिगत अवहेलना के दृष्टिकोण से अवलोकन करे)। अज़रा अब्बास ने भी एक नज़्म में सारा को 'कभी न ख़त्म होने वाला सफ़र' कहा। लेकिन यह सारा की दोस्त, उसके जीवन के अन्तिम पड़ाव की साथी, अतिया दाऊद थीं जिनके एक लेख 'सारा मेरी दोस्त' में उसके जीवन और व्यक्तित्व के अनेक गोशे उजागर हुए हैं और यह लेख हमें ज़्यादा गहरी संवेदना के साथ सारा को समझने को प्रेरित करता है। सारा की आदतों और मानसिक दशा का विश्लेषण अतिया इन शब्दों में करती हैं :

> हम सब दोस्त सारा की बीमारी की वजह से बहुत परेशान होते थे मगर हम में से किसी के भी बस की बात नहीं थी कि उससे अपनी बात मनवा सकते। बहुत सिगरेट फूँकना, खाना कम और कभी बहुत ज़्यादा खाना, बहुत ज़्यादा जागना, और फिर नींद की गोलियाँ खाना और सारा सारा दिन सोते रहना। यौन सम्बन्धों की आदत, इस पर शर्मिंदगी की वजह से गहरी हीन-भावना से ग्रस्त रहना, अपने आपको अच्छा और सच्चा साबित करने के लिए जहाँ अपनी कोई ऊँचाई साबित न कर सकती हो वहाँ अपने लिए मनघडंत क़िस्से बनाकर ख़ुद को ट्रेजिक शख़्सियत बनाना और फिर हमेशा उस झूठ के खुल जाने का भय दिल में काँटे की तरह चुभता हुआ महसूस करना, शायरी की दाद हासिल न कर सकना, साहित्यिक गोष्ठियों में लेखकों की नज़रों से अपने सीने पर तंज़ के सैकड़ों तीर सहना। ये सारी बातें एक इनसान को मरने पर मजबूर करने के क्या काफ़ी नहीं हैं?

आँखें

तरतीब

...नवीं पास की तो शौहर की मार के बावजूद फ़ैमिली प्लानिंग में नौकरी कर ली...अब बच्चों को देखती, घर का काम करती, नौकरी पर जाती और बच्चों को सुला कर मैट्रिक की तैयारी करती। जब मुझे ख़बर हुई...मेरा शौहर और भी बहुत सी औरतों में फँसा हुआ है तो मेरी उस वक़्त की कुँवारी सोच ने बहुत बुरा माना था। हालाँकि मुझे बुरा नहीं मानना चाहिए था कि किसी को क़ैद नहीं किया जा सकता...लेकिन एक रोज़ मेरी भांजी मेरे घर पर आकर ठहरी। उस वक़्त मेरा छोटा बेटा सात साल का था...वो रात...वो रात...आधी रात को दूसरे कमरे से आवाज़ आई...आंटी! आंटी!...मैं ने देखा मेरा शौहर ज़बरदस्ती मेरी भांजी के साथ हम-बिस्तर होना चाहता था। मैं भाग कर अपने कमरे में गई और अपनी एक साल की बेटी को उठा लाई और कहा : सोना है तो अपनी बेटी के साथ सो। तुम किसी की ज़िन्दगी बर्बाद नहीं कर सकते। उसी रात मुझे तलाक़ हो गई। (*एक थी सारा,* पृष्ठ 17)

सारा के बच्चे उससे छीन लिए गए। उसने मुक़दमा जीत कर अपने बच्चे वापस लिए। लेकिन एक दिन पूर्व पति चंद दिनों के लिए बच्चों को लेने आया और उसने क़ुरान उठाकर क़सम खाई कि वह बच्चों को लौटा जाएगा। सारा ने कहा कि उसे क़ुरान पर एतबार है और बच्चों को भेज दिया। बच्चे नहीं लौटाए गए और वह आख़िरी साँस तक क़ुरान के फ़ैसले का इन्तिज़ार करती रही।

पहले तलाक़ के बाद और ख़ुदकुशी के दरमियानी पाँच-छः वर्षों में सारा ने तीन बार घर बसाने की कोशिश की। पहली बार, फ़ैमिली प्लानिंग के दफ़्तर में एक सहकर्मी शायर ने शादी का प्रस्ताव रखा तो सारा ने स्वीकार कर लिया। वह शायरों से प्रभावित थी और उन्हें पढ़े-लिखे होने दलील मानती थी। दूसरे पति के यहाँ उसे किताबें पढ़ने और शायरों के बीच उठने-बैठने के अवसर मिले, लेकिन ग़रीबी और लापरवाह शायर पति के कारण अपना नवजात बच्चा खोने का ग़म भी मिला जिसका मार्मिक विवरण उसने अपने पहले काव्य संग्रह *आँखें* में 'पहला हर्फ़' शीर्षक से लिखा है। अपनी इस औलाद को खोने का दुख अनन्य प्रतीकों में ढल कर सारा की बहुत सी नज़्मों

का केन्द्र बना है। सारा ने अपने मृत बच्चे के हिस्से के बहते हुए दूध से गिलास भर लिया और उस दूध की क़सम खाई कि "शायरी मैं करूँगी, शायरा मैं कहलाऊँगी...और दूध बासी होने से पहले ही मैं ने एक नज़्म लिख ली थी।" (*आँखें,* पृष्ठ 191)

सारा के दूसरे पति ने इस शक के करण उसे तलाक़ दे दिया कि वह उसके एक और मित्र शायर को चाहने लगी है। जल्द ही उसे अपनी ग़लती का एहसास हो गया और माफ़ी माँगने लगा। लेकिन तीर कमान से निकल चुका था—सारा अब उसकी पत्नी नहीं रही थी। जिसके कारण तलाक़ हुई वह शायर दोस्त अपराध-भाव में ऐसे घिरा कि सारा के दुर्भाग्य के निवारण के लिए उससे शादी का आग्रह करता रहा और सारा ने यह रिश्ता स्वीकार कर लिया। लेकिन सारा की घनिष्ट मित्र अतिया दाऊद अपने लेख 'सारा मेरी दोस्त' में लिखती हैं कि सारा मानसिक रोगी थी और लोगों की हमदर्दियाँ बटोरने के लिए कहानियाँ गढ़ती थी। सारा को सब मालूम था कि अमृता प्रीतम किस तरह की कहानी से दुखी हो सकती है। लेकिन अमृता प्रीतम जैसी अच्छी राइटर के लिए ज़रूरी था कि (सारा की) सारी तहरीरों का सोच समझकर विश्लेषण करतीं... मुशायरे की बीच वह लड़ाई का जो मंज़र दिखाती है कि पति के सामने दूसरे शायर को केवल सुन्दर कह देने पर उसे तलाक़ हो गई, वह ग़लत है। तलाक़ होने का कारण यही था कि शारीरिक सम्बन्ध रखने में हेरोइन के नशे की तरह आदी थी। सारा का कहना है कि ससुराल में उसे सास-ननदों के उलाहने झेलने पड़े। साथ ही पति का रवैया जल्द ही मर्दवादी हो गया तो उसके लिए यह तीसरी शादी भी असहनीय हो गई और उसने तलाक़ ले लिया। इन आघातों के परिणामस्वरूप मानसिक रोगों के अस्पताल में दाख़िल किया गया जहाँ सारा ने आत्महत्या की कोशिश की। विभिन्न अवसरों पर उसने चार बार आत्महत्या का प्रयास किया, और अंतत: पाँचवाँ प्रयास विफल नहीं हुआ।

सारा ज़िन्दगी में भी विवादों में घिरी रही और अपनी मौत में भी। कुछ ने उसे शायरी की देवी कहा तो कुछ ने उसकी शायरी को मामूली समझा। जिज्ञासु, संवेदनशील, व्यथित और विद्रोही प्रकृति वाली सारा एक परम्परावादी संकीर्ण सोच रखने वाले समाज के दबावों से ख़ुद को कभी आज़ाद न कर सकी। सुख और आज़ादी

को वह उन्हीं बेड़ियों में ढूँढ़ती रही जिनका बोझ उसे हर क़दम मौत की तरफ़ ले जा रहा था—एक नहीं, दो नहीं, चार शादियाँ—ऐसे इनसान की तलाश में जो उसका सच्चा दोस्त हो, ऐसे घर की चाहत में जिसे वह घर कह सके, उन बच्चों की तलाश में जो उससे छीन लिए गए—भटकती औरत को समाज कैसे माफ़ कर सकता था? ज़ंजीरों में रहकर आज़ादी चाहने की कोशिश में उसने अपने दिल पर जो घाव सहे उनकी परिणिति इस तरह हुई कि केवल उनतीस वर्ष की आयु में उसने दुनिया छोड़ दी। शायद उसका विद्रोही मन नहीं चाहता था कि मौत जीवन के कलंक को मिटा डाले, इसीलिए उसने इस्लाम में आत्महत्या के निषिद्ध होने के बावजूद यही 'हराम मौत' अपने लिए चुनी; और इस तरह अपने अस्तित्व की नग्नता के दाग़ों को उसने कफ़न से भी न ढांपने दिया, और ग़ालिब के इस दावे को चरितार्थ होने से बचा लिया :

ढांपा कफ़न ने दाग़-ए-उयूब-ए-बिरहंगी
मैं वरना हर लिबास में नंग-ए-वजूद था

इस दुनिया से वह परम्पराओं का कफ़न और आडंबरों की ओढ़नी ओढ़े बिना ही रुख़सत हो गई।

सारा शगुफ़्ता की शायरी के सन्दर्भ में अलग से क्या लिखा जाए! उसकी शायरी तो उसी का ज़िन्दगीनामा है। उसके जीवन के वे सारे पड़ाव—समाज के दिए हुए कष्टों के पड़ाव—उसकी शायरी में मौजूद हैं... अलबत्ता जीवन का एक ब्यौरा होता है—एक लेखा-जोखा, जिसे तरतीब-वार रखना ज़रूरी है। इसी जुस्तजू में मैं ने सारा के बारे में लिखे गए लेखों और किताबों की तलाश शुरू की। और यह देखकर हैरान हुई कि उसके प्रशंसक और आलोचक—बल्कि निंदक—दोनों ही उनकी शायरी पर कम और ज़िन्दगी पर अधिक बात करते हैं। उनकी मालूमात का मूल स्रोत अमृता प्रीतम द्वारा रचित सारा की जीवनी 'एक थी सारा' ही है। यह जीवनी स्वयं उन चिट्ठियों और स्मृतियों पर आधारित है जिनका आदान-प्रदान केवल पौने चार साल की अवधि में हुआ लेकिन जो सारा और अमृता के बीच ऐसी मज़बूत डोर बन गई जिससे सारा को तो कुछ साल और जीने का हौसला मिला,

अमृता प्रीतम के लिए भी यह रिश्ता ऐसा इश्क़ बन गया जो केवल टीस और घाव देता है। अमृता ने लिखा है कि वे सारा के लिए रोती थीं, व्यथित होती थीं, उसके जीने की कामना करती थीं, और उसे हर मुमकिन ख़ुशी देना चाहती थीं। वे यहाँ से, कराची में बैठी सारा के दिल में उम्मीदों के चराग़ रोशन करतीं और उसे यक़ीन दिलातीं कि वे उसकी शायरी, उसकी जीवनी और उसके ख़त छापेंगी। उर्दू में लिखे हुए उसके ख़त वे इमरोज़ की मदद से पढ़तीं और आँसू बहातीं। जहाँ बर्दाश्त न कर पातीं इमरोज़ को आगे पढ़ने से रोक देतीं। उन्होंने सारा के दुखों में डूबकर जीना शुरू कर दिया था—और डूबती सारा को मानो तिनके का सहारा मिल गया और वह अपने सारे दुख चिट्ठियों की शक्ल में अमृता को भेजने लगी—इस उम्मीद में कि बस अमृता ही थीं जो उसकी बेगुनाही की गवाही देने वाली थीं। इस तरह इन्हीं नज़्मों और चिट्ठियों पर आधारित हुई—*एक थी सारा*। उर्दू में एन. सिद्दीक़ी द्वारा अनूदित यह किताब फ़िक्शन हाउस, लाहौर से 1994 में छपी।

सारा ने कई साल तक अमृता को पाबन्दी से चिट्ठियाँ लिखी थीं। कह सकते हैं कि इस किताब में अमृता प्रीतम ने वही लिखा है जो सारा ने लिखवाना चाहा। अमृता तो केवल माध्यम बनीं। इस तरह यह किताब भी, सारा की शायरी की तरह ही, एक टीस बन गई। अत्यधिक संवेदनशील होने ने सारा की झोली में जो दुख डाले थे, उनसे बने एक ऐसे सागर में परिवर्तित हो गई जिसकी कोई थाह नहीं। औरत होने के कारण मिलने वाले दुख तो अनेक औरतों की नियति हैं—और सारा भी कोई अपवाद नहीं थी—लेकिन यह उसकी संवेदना और अनुभूति थी जो अतुल्य थी। यह संवेदना अमृता की किताब में पूरी तरह उतर आई है। दूसरी ओर, सारा के आलोचक और निंदक इसी किताब के आधार पर कहते हैं कि सारा झूठी थी। अपनी भटकन और गुमराही पर उसने दुखों का झूठा लबादा ओढ़ लिया था, और इस तरह वह अपने लिए हमदर्दियाँ बटोरती थी।

उर्दू में सारा पर मिलने वाले अन्य लेखन में कुछ तहरीरें उन लोगों की मिलीं जो सारा के दोस्त और परिचित थे। आलोचकों में कुछ उसके दुखों से हमदर्दी रखने वाले हैं, कुछ चीरहरण करने वाले। कुछ लोग मज़हब के डंडे से उसे पीटते हैं और नैतिकता की छड़ी से

गुम्बद को तोड़ती हुई चीख़

सारा शगुफ़्ता उर्दू के उत्तर-आधुनिक शायरों में एक महत्त्वपूर्ण नाम है। उन्होंने गद्यात्मक शैली में लिखा और सब से अलग लिखा। उसका निजी जीवन अन्याय और शोषण का शिकार हुआ। अत्यन्त संवेदनशील और विद्रोही प्रकृति ने उसे उत्कृष्ट नारीवादी कवि तो बनाया ही, साथ ही परम्परावादी समाज के दबावों से जन्मी आंतरिक व्यथा और वेदना की इक़बालिया (कन्फ़ेशनल) अभिव्यक्ति उसका ख़ास अंदाज़ बन गई, जिसे उसने एक विद्रोही नारीवादी चेतना के साथ गूढ़ प्रतीकों के माध्यम से बयान किया है। इसी कारण उसकी तुलना अमेरिकी उत्तर-आधुनिक कवयित्री सिल्विया प्लाथ (Sylvia Plath) से की जाती है—इसलिए भी कि दोनों ने न केवल एक विशिष्ट प्रकार की इक़बालिया कविताएँ लिखीं, बल्कि दोनों के निजी ज़िन्दगी व्याथापूर्ण रही और दोनों ने आत्महत्या की।

31 अक्तूबर, 1954 को गुजराँवाला (पंजाब, पाकिस्तान) के एक ग़रीब परिवार में जन्मी सारा को पढ़ने-लिखने की बड़ी चाह थी। उसके पिता परिवार को उसके हाल पर छोड़कर दूसरी पत्नी के साथ रहने लगे थे। ऐसे में माँ और बच्चे अपने गुज़ारे के लिए फूल पिरोया करते थे, जिससे होने वाली आमदनी पेट भरने के लिए भी पर्याप्त न होती थी। सारा ने लिखा है कि फूल पिरोते हुए वह सोचती थी कि "फूलों को संजोने में सुई शामिल होती है...और मैं जान गई कि फूल कई रंगों में क्यों होते हैं, और हर जज़्बे में ज़ब्त (सहन-शक्ति) की धज्जी क्यों लगती है।"

चौदह वर्ष की उम्र में सारा की शादी कर दी गई। शादी के बाद सब्ज़ी के ख़र्चे में से सिक्के बचा-बचा कर उसने नवें दर्जे की किताबें ख़रीदीं, इम्तिहान पास किया और इस तरह पढ़ने के शौक़

को परवान चढ़ाने की कोशिश की। लगभग दस साल चलने वाली इस शादी से सारा ने तीन बच्चों को जन्म दिया जो तलाक़ के बाद उससे छीन लिये गए। इसके बाद सारा की तीन शादियाँ और हुईं जो सब की सब असफल हुईं। उसे निरन्तर मानसिक आघात सहने पड़े, और अन्तिम शादी तो ऐसे दिनों में की गई जब मानसिक सन्तुलन बिगड़ जाने के कारण उसका इलाज चल रहा था और वह अत्यधिक विचलित और संवेदनशील हो चुकी थी। उसने कई बार आत्महत्या की कोशिश की और अन्ततः 4 जून, 1984 को कराची में ट्रेन से कट कर जान दे दी। तब तक उसने उम्र के तीस पड़ाव भी पार नहीं किए थे।

अपनी असहनीय पीड़ा का ब्यौरा लिख कर वह अक्सर अमृता प्रीतम को भेजती थी, जो किसी साहित्य सम्मेलन के दौरान उसकी दोस्त बन गई थीं। इस पत्राचार के आधार पर बाद में अमृता ने सारा शगुफ़्ता की कहानी पंजाबी में लिखी थी—एक थी सारा, दुखद और चौंकाने वाली मृत्यु और फिर अमृता की तवज्जो का केन्द्र बनने के कारण हिन्दुस्तान और पाकिस्तान के साहित्य जगत ने सारा में यकायक दिलचस्पी लेना शुरू की और उसके जीवन और रचना संसार का गहराई से आकलन किया जाने लगा।

अपने पारिवारिक जीवन के बारे में सारा ने अमृता को जो कुछ लिखा था उससे सारा की पीड़ा का अंदाज़ा लगाया जा सकता है :

> चौदहवें बरस में घूँघट-ब-रू (चेहरे पर घूँघट डाला) हुई और तीन बरस की मशक्क़त से तीन बच्चे जने...बीवी क्या थी, मैं तो इजाज़त थी, पहले माँ की इजाज़त से एक रुपया उधार माँगा करती थी, और अब शौहर की इजाज़त से एक रुपया ख़र्च किया करती थी। यह सहूलत भी क्या कम थी?... जाहिल इतना कि बात-बात पर मार-पीट और वह भी इतनी कि मेरे जिस्म पर नील पड़ जाते और जब चाहता जानवरों की तरह हम-बिस्तरी करता। जैसे मैं रबड़ की गुड़िया हूँ। ख़ैर यह तो कोई बड़ी बात नहीं। हमारे यहाँ का शौहर ऐसा ही होता है और बीवी को तो ऐसा होना ही है। ख़ैर दिन कटते रहे। मैं बुर्क़ा ओढ़े दो बच्चों को थामे सोचा करती...पोतड़ों के रंग सब्ज़ियों से मिलते-जुलते हैं...

तिस पर सारा शगुफ़्ता के आस-पास के साहित्यिक जगत ने उसके साथ कैसा व्यवहार किया, अतिया दाऊद के शब्दों में ही पढ़िए :

> सारा का यौन-दुराचार वास्तव में उसकी मानसिक बीमारी थी। इस बीमारी का मानसिक रोग विशेषज्ञों के पास इलाज भी मुम्किन था मगर सारा का इलाज कौन करवाता? उसके क़रीबी दोस्त मशहूर तरक़्क़ी-पसंद अदीब, शायर और बुद्धिजीवी अपनी हवस की आग बुझाते, मज़े लेते रहे और उससे कहते रहे कि सारा तुम महान इन्क़िलाबी औरत हो, टके-टके की बातें हम जैसे बुद्धिजीवियों की सोच और शान के ख़िलाफ़ हैं, हमारी मर्ज़ी ही बहुत बड़ी बात है...इन बुद्धिजीवियों और शायरों में से कई ऐसे भी थे जो घर से बाहर जाते हुए बीवी को घर में ताले में बंद कर जाते थे और उनकी बीवियाँ मर्द तो क्या साहित्य-जगत की औरतों के सामने भी चाय लेकर नहीं आती थीं। सारा सा तमाम सर्किल ले देकर वही था। वह घूम-फिर कर उन्हीं के पास जाती थी। इसीलिए उन्हीं की ख्वाहिशों की भेंट चढ़ जाती थी...सारा मानसिक रोगी थी लेकिन क्या कीजिए कि यहाँ तो सारी सोसाइटी ही मानसिक रोगी है। संवेदनशील शायरों और बुद्धिजीवियों से बड़े प्रगतिशील लेखकों का जीवन क्या घृणा-योग्य नहीं जो एक लाश से भी मज़े लेने से बाज़ नहीं आते थे?

लेकिन अतिया ने भी व्यक्तिपरक लेख ही लिखा है, सारा की कविता पर बात नहीं की। शायद किसी घनिष्ट मित्र के लिए समालोचक बनना आसान काम भी नहीं। इनके अतिरिक्त आसिफ़ फ़र्रुखी, क़मर जमील, सफ़िया इबाद, असद अलवी आदि का लेखन भी सारा को समझने में मदद करता है। असद अलवी ने सारा कि नज़्मों, ख़तों और याददाश्तों का अंग्रेज़ी अनुवाद किया है। असद अलवी ने सिल्विया प्लाथ की कविताओं का भी उर्दू में अनुवाद किया है। उनका दावा है कि नाम हटाकर इन कविताओं को पढ़ा जाये तो पाठक उन दोनों की कविताओं की अलग अलग पहचान नहीं कर सकता। पाकिस्तान टेलीविज़न ने उसके जीवन पर एक ड्रामा सीरियल

प्रसारित किया जिसका शीर्षक 'आसमान तक दीवार' था। भारत में दानिश इक़बाल ने 'सारा का सारा आसमान' शीर्षक से ड्रामा लिखा जिसका मंचन तारिक़ हमीद के निर्देशन में देश के अनेक हिस्सों में हुआ। शाहिद अनवर ने भी सारा की ज़िन्दगी पर 'मैं सारा' नाम से एक ड्रामा लिखा जो महेश दत्तानी के निर्देशन में पेश किया गया। अलीगढ़ मुस्लिम यूनिवर्सिटी के प्रोफ़ेसर क़ाज़ी अफ़ज़ाल हुसैन ने अपने लेख 'मैं सच्ची नंगी भली' में सारा शगुफ़्ता को फ़ेमिनिस्ट डिस्कोर्स की नुमाइंदा शायर क़रार दिया।

मौत में अंततः सारा को कुछ मित्र मिल ही गए!

सारा की नज़्मों के दो संकलन उर्दू में हैं—*आँखें* और *नींद का रंग*—और तीन पंजाबी में। सारा को अपनी शायरी छपवाने की बड़ी चाह थी, उसने आँखें का मसौदा स्वयं तैयार किया था, लेकिन यह उसके जीवनकाल में प्रकाशित न हो सका। सारा के मित्र और उर्दू लेखक मुबारक अहमद और अहमद हमीश के प्रयासों से तशकील पब्लिशर्स ने कराची से जनवरी 1985 में उसे प्रकाशित किया। सारा की मृत्यु के बाद कराची में *सारा अकादमी* के नाम से एक अंजुमन बनी। इसी अकादमी से अहमद हमीश ने उसका दूसरा काव्य-संग्रह नींद का रंग 1993 में प्रकाशित किया। हो सकता है कुछ नज़्में अब भी अप्रकाशित हों।

सारा शगुफ़्ता एक ऐसी ज़बान में बात करती है जो केवल वही लोग समझ सकते हैं जो सारा जैसा दिल रखते हों—उनकी संवेदना का स्तर उसी की तरह अभूतपूर्व हो। सारा की संवेदना न तो हर महिला की गिरफ़्त में आ सकती है, और न हर पुरुष की। उसकी भाषा वही भूली-बिसरी भाषा है जो इतिहास के अनजाने पड़ाव पर हर औरत से छीन ली गई और उसके मुँह में नियमों और परम्पराओं की वह भाषा रख दी गई थी जिसकी निर्मिति पुरुष-सत्ता ने की थी। अधिकांश औरतें आज भी उसी भाषा में सोचती बोलती हैं जो स्वयं उन्हीं के ख़िलाफ़ है। सारा ने औरतों को उनकी पौराणिक भाषा का इतिहास याद दिलाया है, उन प्रश्नों के रूप में जिनसे उसकी शायरी भरी पड़ी है, और जिनको रेखांकित करके औरत की दासता का इतिहास लिखा जा सकता है।

अन्तिम बात

सोचा था कि पाठकों से सारा शगुफ़्ता का परिचय ग़ालिब के इस शे'र के साथ प्रस्तुत करुँगी :

हाले-दिल लिखूँ कब तक, जाऊँ उनको दिखलाऊँ
उँगलियाँ फ़िगार अपनी, ख़ामा ख़ूँ-चकाँ अपना

लेकिन बात बनी नहीं। क्योंकि सारा ने अपनी नज़्मों में अपना हाले-दिल कुछ यूँ लिखा कि बात केवल उँगलियों के ज़ख़्मी होने और क़लम से ख़ून टपकने तक सीमित नहीं रहती। वह तो प्रत्यक्ष ज़ख़्म थी और उसकी सहनशीलता के सामने ग़ालिब का यह शेर सचमुच छोटा पड़ गया है। सारा की आवाज़ वास्तव में ऐसी सदा, एक ऐसी चीख़ बन गई थी जो, स्वयं उसी के शब्दों में :

गुम्बद को तोड़ती हुई
थोड़ा सा आसमान भी तोड़ लाई थी!

सारा को पहली बार कोई पच्चीस-तीस साल पहले पढ़ा था, और फिर उसे किसी से लिए हुए उधार की तरह कभी न भुला सकी। सत्यानन्द निरुपम जी की आभारी हूँ कि सारा शगुफ़्ता की दोनों किताबें राजकमल प्रकाशन से छापने में दिलचस्पी ज़ाहिर की, जिसके कारण आज उऋण हो रही हूँ। आर. चेतनक्रान्ति और शिप्रा किरण का विशेष आभार जिन्होंने किताब को हर एतबार से त्रुटिहीन और सुन्दर बनाने की ज़िम्मेदारी निभाई। अंत में राजकमल प्रकाशन का शुक्रिया कि उसके सौजन्य से सारा शगुफ़्ता की अधिकांश कविताएँ हिन्दी पाठकों तक पहुँच रही हैं।

—अर्जुमंद आरा

दिसम्बर, 2021
दिल्ली

बुरा कीतू ऐ साहिबां...

साहिबां, तूने बुरा किया...ये अल्फ़ाज़ मिर्ज़ा ने तब कहे थे, जब उसकी साहिबां ने उसका तरकश उससे छिपाकर पेड़ पर रख दिया था। और आज तड़पकर यही अल्फ़ाज़ मैं कह रही हूँ। जब सारा शगुफ़्ता ने अपनी ज़िंदगी का तरकश जाने आसमान के किस पेड़ पर रख दिया है और ख़ुद भी साहिबां की तरह मर गई है। और अपना मिर्ज़ा भी मरवा दिया है। हर दोस्त मिर्ज़ा ही तो होता है...मैं कितने दिनों से भरी आँखों से सारा की वो किताब हाथों में लिए हुए हूँ जो मैंने ही शाया की थी और एहसास होता है कि सारा की नज़्मों को छू कर कहीं से मैं उसके बदन को छू सकती हूँ...

कमबख़्त कहा करती थी, "ऐ ख़ुदा! मैं बहुत कड़वी हूँ, पर तेरी शराब हूँ..."

और मैं उसकी नज़्मों को और इसके ख़तों को पढ़ते-पढ़ते ख़ुदा की शराब का एक-एक घूँट पी रही हूँ...यह ज़मीन वो ज़मीन नहीं थी, जहाँ वो अपना एक घर तामीर कर लेती और इसीलिए उसने घर की जगह एक क़ब्र तामीर कर ली। लेकिन कहना चाहती हूँ कि सारा क़ब्र बन सकती है क़ब्र की ख़ामोशी नहीं बन सकती। दिल वाले जब भी उसकी क़ब्र के पास जाएँगे उनके कानों में सारा की आवाज़ सुनाई देगी : "मैं तिलावत (पाठ) के लिए इन्सानी सहीफ़ा (किताब/ख़ुदा की किताब) चाहती हूँ..."

वो तो ज़मीर से ज़्यादा जाग चुकी थी, पर इस दुनिया में जिसके पास भी ज़मीर है, उसके ज़मीर के कान ज़रूर होंगे। और

वो हमेशा उसकी आवाज़ सुन पाएँगे कि मैं तिलावत के लिए इन्सानी सहीफ़ा चाहती हूँ...मैं नहीं जानती कि यह इन्सानी सहीफ़ा कब लिखा जाएगा, पर यह ज़रूर जानती हूँ कि अगर आज का इतिहास ख़ामोश है तो आने वाले कल का इतिहास ज़रूर गवाही देगा कि इन्सानी सहीफ़ा लिखने का इल्हाम (देववाणी) सिर्फ़ सारा को हुआ था...

इतिहास गवाही देगा कि सारा ख़ुद उस इन्सानी सहीफ़े की पहली आयत (सूक्ति) थी...आज दुनिया के हम सब अदीबों के सामने वो कोरे काग़ज़ बिछा गई है कि जिसके पास सचमुच के क़लम हैं, उन्हें इन्सानी सहीफ़े की अगली आयतें लिखनी होंगी...

अचानक देखती हूँ—मेरी खिड़की के पास कुछ चिड़ियाँ चहचहा रही हैं और चौंक जाती हूँ...अरे! आज तो सारा का जन्मदिन है...जब उससे मुलाक़ात हुई थी तो अपने जन्मदिन की बात करते हुए उसने कहा था...पंछियों का चहचहाना ही मेरा जन्मदिन है...सारा! देख इमरोज़ ने हमारे घर के आँगन की सबसे बड़ी दीवार पर चिड़ियों के सात घोंसले बना दिए हैं...और अब वहाँ चिड़ियाँ दाना खाने भी आती हैं और लकड़ी के छोटे-छोटे सफ़ेद घोंसलों में तिनके रखती हुईं जब वो छोटे-छोटे पंखों से उड़ती-खेलती-चहचहाती हैं तो कायनात में ये आवाज़ गूँज जाती है कि आज सारा का जन्मदिन है...

मैं दुनिया वालों की बात नहीं करती, उनके हाथों में तो न जाने किस-किस तरह के हथियार रहते हैं। मैं सिर्फ़ पंछियों की बात करती हूँ, और उनकी जिनके इंसानी जिस्मों में पंछी-रूह होती है। और जब तक वो सब इस ज़मीन पर रहेंगे, सारा का जन्मदिन रहेगा।

कमबख़्त ने ख़ुद ही कहा था, "मैंने पगडंडियों का पैरहन पहन लिया है।"

लेकिन अब किस से पूछूँ कि उसने ये पैरहन क्यों बदल लिया है? जानती हूँ कि ज़मीन की पगडंडियों का पैरहन बहुत काँटेदार

था और उसने आसमान की पगडंडियों का पैरहन पहन लिया। लेकिन....

और इस 'लेकिन' के आगे कोई लफ़्ज़ नहीं है, सिर्फ़ आँखों के आँसू हैं...

—अमृता प्रीतम

शैली बेटी के नाम

तुझे जब भी कोई दुख दे
उस दुख का नाम बेटी रखना
जब मेरे सफ़ेद बाल
तेरे गालों पे आन हँसें, रो लेना
मेरे ख़ाब के दुख पे सो लेना
जिन खेतों को अभी उगना है
उन खेतों में
मैं देखती हूँ तेरी अँगिया भी!

बस पहली बार डरी बेटी
मैं कितनी बार डरी बेटी
अभी पेड़ों में छुपे तेरे कमान हैं बेटी
मेरा जन्म तू है बेटी
और तेरा जन्म तेरी बेटी

तुझे नहलाने की ख़्वाहिश में
मेरी पोरें ख़ून थूकती हैं।

पहला हर्फ़

आज से पाँच बरस पहले कहने को एक शायर मेरे साथ फ़ेमिली-प्लानिंग में सर्विस करता था। मैं बहुत बानमाज़ होती थी। घर से ऑफ़िस तक का रास्ता बड़ी मुश्किल से याद किया था। लिखने-पढ़ने से बिलकुल शौक़ नहीं था।

इतना ज़रूर पता था कि शायर लोग बड़े लोग होते हैं।

एक शाम—शायर साहिब ने कहा, मुझे आपसे एक ज़रूरी बात करनी है। फिर एक रोज़ रेस्तराँ में मुलाक़ात हुई। उसने कहा शादी करोगी? दूसरी मुलाक़ात में शादी तय हो गई।

अब क़ाज़ी के लिए पैसे नहीं थे। मैंने कहा। आधी फ़ीस तुम क़र्ज़ ले लो और आधी फ़ीस मैं क़र्ज़ लेती हूँ। चूँकि घर वाले शरीक नहीं होंगे, मेरी तरफ़ के गवाह भी लेते आना।

एक दोस्त से मैंने उधार कपड़े माँगे और मुक़र्ररा जगह पर पहुँची और निकाह हो गया। क़ाज़ी साहिब ने फ़ीस के अलावा मिठाई का डिब्बा भी मँगवा लिया तो हमारे पास छः रुपये बचे।

बाक़ी झोंपड़ी पहुँचते-पहुँचते, दो रुपये बचे। मैं लालटेन की रोशनी में घूँघट काढ़े बैठी थी।

शायर ने कहा, दो रुपये होंगे, बाहर मेरे दोस्त बग़ैर किराए के बैठे हैं। मैंने दो रुपये दे दिए। फिर कहा, हमारे हाँ बीवी नौकरी नहीं करती। नौकरी से भी हाथ धोए।

घर में रोज़ तालीमयाफ़्ता शायर और नक़्क़ाद[1] आते और

1. आलोचक

इलियट की तरह बोलते। कम-अज़-कम मेरे ख़मीर में इल्म की वहशत तो थी ही, लेकिन इसके बावजूद कभी-कभी भूख बर्दाश्त न होती।

"रोज़ घर में फ़सलफ़े पकते और हम मंतिक़ खाते।"

एक रोज़ झोंपड़ी से भी निकाल दिए गए। यह भी पराई थी। एक आधा मकान किराए पर लिया। मैं चटाई पर लेटी दीवारें गिना करती।

"और अपने जहल[1] का अक्सर शिकार रहती।"

मुझे सातवाँ महीना हुआ। दर्द शदीद था और बान का दर्द भी शदीद था। इल्म के ग़ुरूर में वो आँख झपके बग़ैर चला गया। जब और दर्द शदीद हुआ तो मालिक मकान मेरी चीख़ें सुनती हुई आई और मुझे हस्पताल छोड़ आई। "मेरे हाथ में दर्द और पाँच कड़कड़ाते नोट थे।"

थोड़ी देर के बाद लड़का पैदा हुआ। सर्दी शदीद थी और एक तौलिया भी बच्चे को लपेटने के लिए नहीं था।

डॉक्टर ने मेरे बराबर स्ट्रेचर पर बच्चे को लिटा दिया।

"पाँच मिनट के लिए बच्चे ने आँखें खोलीं और कफ़न कमाने चला गया।"

बस! जब से मेरे जिस्म में आँखें भरी हुई हैं। सिस्टर वार्ड में मुझे लिटा गई। मैंने सिस्टर से कहा, मैं घर जाना चाहती हूँ क्योंकि घर में किसी को इल्म नहीं कि मैं कहाँ हूँ। उसने मुझे बेबाकी से देखा और कहा, तुम्हारे जिस्म में वैसे भी ज़हर फैलने का डर है। तुम बिस्तर पर रहो। लेकिन अब आराम तो कहीं भी नहीं था।

"मेरे पास मुर्दा बच्चा और पाँच रुपये थे।"

मैंने सिस्टर से कहा, मेरे लिए अब मुश्किल है हस्पताल में रहना। मेरे पास फ़ीस के पैसे नहीं हैं। मैं लेकर आती हूँ। तुम्हारे पास मेरा बच्चा अमानत है। भागूँगी नहीं।

"तुम्हारे पास मेरा मुर्दा बच्चा अमानत है।" और सीढ़ियों से

---

1. अज्ञानता

उतर गई। मुझे 105 डिग्री बुख़ार था। बस में सवार हुई घर पहुँची। मेरे पिस्तानों से दूध बह रहा था।

मैंने दूध गिलास नें भरकर रख दिया। इतने में शायर और बाक़ी मुंशी हज़रात तशरीफ़ लाए। मैंने शायर से कहा, "लड़का पैदा हुआ था, मर गया है।"

उसने सरसरी सुना और अपने नक़्क़ादों को बताया।

कमरे में दो मिनट ख़ामोशी रही और तीसरे मिनट गुफ़्तगू शुरू हो गई।

फ्रायड के बारे में तुम्हारा क्या ख़याल है?

रांबो क्या कहता है?

सअदी ने क्या कहा है?

और वारिस शाह बहुत बड़ा आदमी था।

ये बातें तो रोज़ ही सुनती थी लेकिन आज लफ़्ज़ कुछ ज़्यादा साफ़ सुनाई दे रहे थे। मुझे ऐसा लगा,

"जैसे ये सारे बड़े लोग थोड़ी देर के लिए मेरे लहू में रुके हों।" और रांबो और फ्रायड मेरे रहम (गर्भ) से मेरा बच्चा नोच् रहे हों। "उस रोज़ इल्म मेरे घर पहली बार आया था और मेरे लहू में क़हक़हे लगा रहा था।" मेरे बच्चे का जन्म देखो!!!

चुनांचे एक घंटे की गुफ़्तगू रही और ख़ामोशी आँख लटकाए मुझे देखती रही। ये लोग इल्म के नाले पार करते कमरे से जुदा हो गए।

"मैं सीढ़ियों से एक चीख़ की तरह उतरी।"

अब मेरे हाथ में तीन रुपये थे। मैं एक दोस्त के हाँ पहुँची और तीन सौ रुपये क़र्ज़ माँगे। उसने दे दिए। फिर उसने देखते हुए कहा, क्या तुम्हारी तबीयत ख़राब है?

मैंने कहा, "बस मुझे ज़रा-सा बुख़ार है। मैं ज़्यादा देर रुक नहीं सकती। पैसे किसी क़र्ज़ख़ाह को देने हैं। वो मेरा इंतिज़ार कर रहा होगा।"

हस्पताल पहुँची। बिल 295 रुपये बना।

"अब मेरे पास मुर्दा बच्चा और पाँच रुपये थे।"

मैंने डॉक्टर से कहा, आप लोग चंदा इकट्ठा करके बच्चे को कफ़न दें। और इसकी क़ब्र कहीं भी बना दें। मैं जा रही हूँ।

"बच्चे की असल क़ब्र तो मेरे दिल में बन चुकी है।"

मैं फिर दोहरी चीख़ के साथ सीढ़ियों से उतरी और नंगे पैर सड़क पे दौड़ती हुई बस में सवार हुई।

डॉक्टर ने समझा शायद सदमे की वजह से मैं ज़हनी तवाज़ुन खो बैठी हूँ। कंडक्टर ने मुझसे टिकट नहीं माँगा और लोग भी ऐसे ही देख रहे थे। मैं बस से उतरी, कंडक्टर के हाथ पर पाँच रुपये रखते हुए, चल निकली। घर? घर!! घर पहुँची।

गिलास में दूध रखा हुआ था।

"कफ़न से भी ज़्यादा उजला।"

मैंने अपने दूध की क़सम खाई। शे'र मैं लिखूँगी, शायरी मैं करूँगी, मैं शायरा कहलाऊँगी।

"और दूध बासी होने से पहले ही मैंने एक नज़्म लिख ली थी।"

लेकिन तीसरी बात झूठ है, मैं शायरा नहीं हूँ। मुझे कोई शायरा न कहे। शायद मैं कभी अपने बच्चे को कफ़न दे सकूँ।

आज चारों तरफ़ से शायरा! शायरा! की आवाज़ें आती हैं लेकिन अभी तक कफ़न के पैसे पू रे नहीं हुए।

—सारा शगुफ़्ता

रंग-चोर

लो शाम हो रही है
और उसने हमारे चेहरे चोरी करने शुरू कर दिए हैं
तुम छोटे चोर हो
मैं छोटा चोर नहीं
समुंदर में उतरा
तो समुंदर ने मेरे कपड़ों का कोई रंग न चुराया
हाँ थोड़े से मेरे साँस ज़रूर
उसने चोरी कर लिये थे
मालूम होता है यह भी चोर है
तुमने कभी मिट्टी में ग़ोता लगाया है
मिट्टी चोरी करना बड़ा मुश्किल काम है
अगर मैंने मिट्टी में ग़ोता लगाया
तो वो मेरे सारे साँस चोरी कर लेगा
तो फिर यह बंदा चोर, चोर नहीं रहेगा
रास्ते में तो कई राहें रँगी हुई हैं
और अन-देखे ने बअज़[1] जगह
एक ही रंग रँगा हुआ है
तुम ग़ारों के रंग चोरी कर सकते हो
सच पूछो तो सबसे बड़ा रंग-चोर सूरज है
रंग तक पहुँचते-पहुँचते यह तुम्हें कई रंग दिखा जाएगा

---

1. किसी-किसी

देखना आईने में हमारी आँखें एक-सी तो नहीं लग रहीं!
कभी हवा को भी शीशा कहते हैं :
देख, हवा तेरे कपड़े भी पकड़ रही है, और मेरे भी
कहीं यह भी तो चोर नहीं
तुम चोरी करने निकले हो कि रंग होने?
देखो समुंदर जब पत्थर की सतह पर आता है
तो सफ़ेद हो जाता है
और हवा जब पेड़ों पर चढ़
नाचती है तो हरी हो जाती है
आदमी जब रोता है
अपने आँसुओं में डूब जाता है
इस वक़्त तुम आदमी का कोई रंग चोरी नहीं कर सकते
बताओ
आसमान का रंग ज़मीन पे कैसे उतरा
तुम्हें इतनी बारीकियाँ बता दूँ
तो ख़ुद चोरी हो जाऊँ
चोरी करो पहले इस पत्थर का रंग भी
इसको जितना तोड़ता हूँ
एक ही रंग की आवाज़ देते हैं ये पत्थर,
और रंग चूरा-चूरा हो जाते हैं
पानी भी अपना रंग नहीं निकाल रहा
कहीं यह भी रोता हुआ आदमी तो नहीं
टूटे फूल की गुफ़्तगू भी ख़ंजर हो गई है
जो फूल शाम में तोड़े थे
उन्हें रात के अँधेरों ने काला कर दिया है

"आहिस्ता-आहिस्ता चलो
हमारी आहट पाकर कोई रंग छुप न जाए"
यह आग बुझ नहीं सकती
आग बुझ गई तो तुम चोर नहीं रहोगे

अँधेरे रोशनियाँ चोरी करते हैं
ये ख़ुद चोर होते हैं...
मैंने चोरी न की तो मेरा घर बे-अंगारा रह जाएगा
मेरी रोटी का रंग सफ़ेद पड़ जाएगा
मेरी भूख रंग-रंग पुकारेगी
मुझे टूटे फूलों के पास ले जाएगी
और फूल जानते हैं कि मैं चोर हूँ
जब आँखों की केंचुली चोरी हो जाती है
इन्सान ऐसे ही रंग-चोरियाँ करने निकल खड़ा होता है

मैंने समुंदर का रंग चुराया था तो फ़र्श बनाया था
आँखों के रंग चुराए थे तो दीवारें बनाई थीं
सूरज का रंग चुराया था तो छाँव बनाई थी
भूख का रंग चुराया था तो चूल्हा बनाया था
चुग़ली का रंग चुराया था तो कपड़े सिलवाए थे
और जब आग का रंग चोरी किया
तो मेरी रोटी कच्ची रह गई
पत्थर ख़ामोश हो जाते हैं
और दिए की लौ
ख़ला[1] को फिर से जलाना शुरू कर देती है!

---

1. शून्य, अन्तरिक्ष

ऐ मेरे सरसब्ज़ ख़ुदा!

बैन[1] करने वालों ने
मुझे अधखुले हाथ से क़बूल किया
इन्सान के दो जन्म हैं
फिर शाम का मक़सद क्या है
मैं अपनी निगरानी में रही और कम होती चली गई
कुत्तों ने जब चाँद देखा
अपनी पोशाक भूल गए
मैं साबित-क़दम[2] ही टूटी थी
अब तेरे बोझ से धँस रही हूँ
तन्हाई मुझे शिकार कर रही है

ऐ मेरे सरसब्ज़ ख़ुदा!
ख़िज़ाँ के मौसम में भी मैंने तुझे याद किया
क़ातिल की सज़ा मक़तूल नहीं
ग़ैब[3] की जंगली बेल को घर तक कैसे लाऊँ
फिर आँखों के टाट पे मैंने लिक्खा
मैं आँखों से मरती
तो क़दमों से ज़िंदा हो जाती।

---

1. विलाप; 2. अडिग; 3. अप्रत्यक्ष

आँखें : दो जुड़वाँ बहनें

जब हमारे गुनाहों पे वक़्त उतरेगा
बंदे खरे हो जाएँगे
फिर हम तौबा के टाँकों से
ख़ुदा का लिबास सिएँगे
तुम ने समुंदर रेहन रख छोड़ा
और घोंसलों से चुराया हुआ सोना
बच्चे के पहले दिन पे मल दिया गया

तुम दुख को पैवंद करना
मेरे पास उधार ज़्यादा है और दुकान कम
आँखें दो जुड़वाँ बहनें
एक मेरे घर ब्याही गई दूसरी तेरे घर
हाथ दो सौतेले भाई
जिन्होंने आग में पड़ाव डाल रखा है।

संग-ए-मील पहरों चलता है

आसमान के सीने में ग़म चरख़ा कात रहा है
संग-ए-मील
पहरों चलता है और साकित[1] है
रात मुझ से पहले जाग गई है!
लिबास पर पड़े हुए धब्बे
मेरे बच्चों के दुख थे

मेरे लहू को तन्हाइयाँ चाट रही हैं
शहर की मुँडेर से तिनके चुराए थे
सूरज ने दुख बना दिए
मेरे सपनों का दाग़ आँखें हैं
मेरी क़ब्र मुझे छुपकर देख रही है

---

1. अचल

परिंदे की आँख खुल जाती है

किसी परिंदे की रात पेड़ पर फड़फड़ाती है
रात, पेड़ और परिन्दा
अँधेरे के ये तीनों राही
एक सीध में आ खड़े होते हैं
रात अँधेरे में फँस जाती है

रात तूने मेरी छाँव क्या की!
जंगल छोटा है
इसलिए तुम्हें गहरी लग रही हूँ
गहरा तो मैं परिंदे के सो जाने से हुआ था
मैं रोज़ परिंदे को दिलासा देने के बाद
अपनी कमान की तरफ़ लौट जाती हूँ
तेरी कमान क्या सुबह है
मैं जब मरी तो मेरा नाम रात रख दिया गया

अब मेरा नाम फ़ासला है
तेरा दूसरा जन्म कब होगा
जब यह परिंदा बेदार होगा
परिंदे का चहचहाना ही मेरा जन्मदिन है

फ़ासला और पेड़ हाथ मिलाते हैं
और परिंदे की आँख खुल जाती है

चराग़ जब मेरा कमरा नापता है

चराग़ ने फूल को जन्म देना शुरू कर दिया है
दूर, बहुत दूर, मेरा जन्मदिन रहता है
आँगन में धूप न आए तो समझो
तुम किसी ग़ैर-आबाद इलाक़े में रहते हो
मिट्टी में मेरे बदन की टूट-फूट पड़ी है
हमारे ख़्वाबों में चाप कौन छोड़ जाता है
रात के सन्नाटे में टूटते हुए चराग़
रात की चादर पे फैलती हुई सुबह
मैं बिखरी पत्तियाँ उठाती हूँ
तुम समुंदर के दामन में
किसी भी लहर को उतर जाने दो
और फिर जब इन्सानों का सन्नाटा होता है
हमें मरने की मोहलत नहीं दी जाती
क्या ख़्वाहिश की मियान में
हमारे हौसले रखे हुए होते हैं
हर वफ़ादार लम्हा हमें चुरा ले जाता है
रात का पहला क़दम है
और मैं पैदल हूँ
बैसाखियों का चाँद बनाने वाले
मेरे आँगन की छाँव लुट चुकी
मेरी आँखें मरे हुए बच्चे हैं
और फिर मेरी टूट-फूट

समुंदर की टूट-फूट हो जाती है
मैं क़रीब से निकल जाऊँ
कोई सम्त[1] सफ़र की पहचान नहीं कर सकती
शाम की टूटी मुँडेर से
हमारे तलातुम[2] पे
आज रात की तरतीब[3] हो रही है
मुसाफ़िर अपने संग-ए-मील की हिफ़ाज़त करता है
चराग़ कमरा नापता है
और ग़म मेरे दिल से जन्म लेता ही है
ज़मीन हैरत करतो है
और एक पेड़ उगा देती है

---

1. दिशा; 2. थपेड़े; 3. व्यवस्था

चाँद का क़र्ज़

हमारे आँसुओं की आँखें बनाई गईं
हमने अपने-अपने तलातुम से रस्साकशी की
और अपना-अपना बैन[1] हुए
सितारों की पुकार आसमान से ज़्यादा ज़मीन सुनती है
मैंने मौत के बाल खोले
और झूठ पर दराज़ हुई
नींद आँखों के कंचे खेलती रही
शाम दोग़ले रंग सहती रही
आसमानों पे मेरा चाँद क़र्ज़ है
मैं मौत के हाथ में एक चराग़ हूँ
जन्म के पहिये पर मौत का रथ देख रही हूँ
ज़मीनों में मेरा इंसान दफ़्न है
सज्दों से सर उठा लो
मौत मेरी गोद में एक बच्चा छोड़ गई है

1. विलाप, रुदन

नस्री नज़्म[1]

शायरी झनकार नहीं जो ताल पर नाचती रहे
गया वक़्त
जब ख़्वाजासरा[2] टूटी कमान होते थे
और मौत पर तालियाँ पीटा करते थे
पाज़ेब पहनकर मैदान में नहीं भाग सकते
यह कहीं भी साथ छोड़ सकती है
ग़ार में चुनी चुनाई जगह है
दार[3] है, बा-मशक़्क़त क़ैदी है

लेकिन नज़्म में न ग़ार है
न दार है, न मशक़्क़त है
फिर भी एक क़ैद है...
जब हम ज़मीनों को पढ़ने निकलते हैं
तो चरिंद परिंद की ज़रूरत नहीं रहती
इन्सान की पहली आंवल नाल अज़ीयत[4] है
खेल तो खिलंदड़ा ही रहता है

---

1. गद्य कविता; 2. किन्नर; 3. फाँसी का तख़्ता; 4. यातना

डाल कितने रंग बोएगी

कौन जाने डाल कितने रंग बोएगी
पर हमारी क़ब्र हमें बोती नहीं
वर्ना गदाई[1] के तौर पर
कशकोल[2] और रात में समझौता हो चुका था
अजल[3] की डिबिया में ख़्वाहिश बंद है

सारे मौसम मुझ से शुरू होते हैं
ज़मीन दरियाओं की खोज लगाने को चली
मैं अपने रब का ख़याल हूँ
और मरी हुई हूँ

1. भीख माँगना; 2. भीख का कटोरा; 3. मौत

क़र्ज़

मेरा बाप नंगा था
मैंने अपने कपड़े उतार कर उसे दे दिए
ज़मीन भी नंगी थी
मैंने उसे
अपने मकान से दाग़ दिया
शर्म भी नंगी थी मैंने उसे आँखें दीं
प्यास को लम्स दिए
और होंटों की क्यारी में
जाने वाले को बो दिया
मौसम चाँद लिए फिर रहा था
मैंने मौसम को दाग़ देकर चाँद को आज़ाद किया
चिता के धुएँ से मैंने इंसान बनाया
और उसके सामने अपना मन रक्खा
उसका लफ़्ज़ जो उसने अपनी पैदाइश पे चुना
और बोला :
मैं तेरी कोख में एक हैरत देखता हूँ

मेरे बदन से आग दूर हुई
तो मैंने अपने गुनाह ताप लिए
मैं माँ बनने के बाद भी कुँवारी हुई
अब तुम कुँवारी माँ की हैरत हो
मैं चिता पे सारे मौसम जला डालूँगी

मैंने तुझ में रूह फूँकी

मैं तेरे मौसमों में चुटकियाँ बजाने वाली हूँ
मिट्टी क्या सोचेगी
मिट्टी छाँव सोचेगी और हम मिट्टी को सोचेंगे
तेरा इंकार मुझे ज़िन्दगी देता है

हम पेड़ों के अज़ाब सहें
या दुखों के फटे कपड़े पहनें!

होंट मेरे गदागर[1]

ज़मीन मेरी थकन से भी छोटी है
लगाम सफ़र से ज़्यादा है
सो बे-इरादा है
मैं बहुत हँसना चाहती हूँ
लेकिन फिर शायद मेरे होंट छोटे हो जाएँ
मैं तो उसी वक़्त डर गई थी
जब मेरा बाप मेरी माँ के साथ
क़हक़हा लगाने में मसरूफ़ था
सारे क़दम रुख़सत हो चुके थे
और सारी आँखें भिनभिना रही थीं
मैं आवाज़ का बदन तोड़ती हूँ
मैं कितने गारों से बनी थी
कौन ख़ौफ़ के कुएँ खोद जाता है
तुम्हें देख कर तो मुझे अपनी पस्तियाँ याद आ जाती हैं
लहू की टीकरी मेरे खेल बिगाड़ती है
और छाँव से सूरज उड़ जाता है
मेरा आख़िरी क़याम है और लोग राज़दारी में मसरूफ़ हैं
मैं मुकम्मल तौर पर हँस चुकी हूँ
बदन का चाक दर नहीं दाग़ सकता
वो चाय की प्याली आज तक मैं नहीं उँडेल सकी

---

1. भिखारी

जो मुर्दा दूध से बनाई गई थी
सुबह-ओ-शाम परिंदे बदन से उड़ते हैं
और रात-भर परवाज़ में सोते हैं
आलिमों ने मेरी फ़ाल निकाली[1]
और मेरा नाम सराय रखा
दुनिया हर एक फ़र्द[2] के बाद तीसरी होती है
और दूसरा फ़र्द ग़ायब हो जाता है

साये ज़मीन का मज़हब थे
और पानियों में बल डालने के बाद
रस्सी ज़मीन पे रहन रख दी जाती है
मुझे देखने से पहले ये सारे लोग शफ़्फ़ाफ़[3] थे
फिर मैंने उनका ख़मीर गूँधा, और नमक से कहा चख
आग की तलाश में मेरे कई चराग़ बिछड़ गए
वफ़ादारी की गलियों में कुतियां कम
और कुत्ता ज़्यादा मशहूर है
मालिकों को मैं अपने फ़ुटपाथ का नंबर लिख दूँ
कि सर-ए-शाम सूरज इनकार करने लगता है
मेरे घर की सलाख़ों से
कितने कुत्तों की ज़ंजीरें बनती हैं
मैं अपनी तलाफ़ी[4] में तुम्हें शरीक नहीं करूँगी
इन्सान दूसरी ग़लती कभी नहीं करता
मैं फिर ख़ुदा को तीसरी बार दुहराती हूँ
खिलौने का मुक़द्दर ज़्यादा से ज़्यादा टूटना है

---

1. जंतर से भविष्य देखना; 2. एक व्यक्ति; 3. साफ़, पारदर्शी; 4. प्रतिकार

पानियों की बदी

पानियों की कमानें
क्या समुंदर शिकार करती हैं
मैं चाँद-भर रोती हूँ
और रंग-साज़ के पास सोती हूँ

दो घूँट प्यास और

भूख के छूने से वो बेदार हुई
टहनियों के टूटने की सदा पे
दो घूँट प्यास और
ख़ुदा भूख के भी कितने ज़ायक़े रखता है
माली! वो फूल मेरी गुड़िया के रंग का है
और सूरजमुखी में तो तूने मेरे बाल बो रखे हैं
काले गुलाब जैसे मेरे जूते हैं
और ये सफ़ेद फूल मेरी रोटी के रंग का है

रात की दो आँखें

घड़ी में इस वक़्त रात की दो आँखें हैं
औरत तो इन्सान को जन्म देने के बाद भी
खरी नहीं होती
रात इन्सानी सराय में ख़र्च हो गई
अपने-अपने बस की बात है
या अपने-अपने रोग की
अपनी-अपनी सतह का समुंदर है
तन्हाई इतने हराम के बच्चे जनती है
कि एक-एक को ब्याहने के लिए
वक़्त को हलाक करना पड़ता है
मैं चलना चाहती हूँ
यह अपाहिज रंग ही तो जाग रहा है
ख़ौफ़ की हर गुल्लक तोड़ती हूँ
कभी ज़्यादा हो जाती हूँ और कभी कम
पंद्रह मिनट पे घर है
कोई न कोई कांधा देने आ ही जाता है
मुर्दे समझते हैं
औरत से अच्छी कोई क़ब्र नहीं होती
दरवाज़े को आज़ाद करते ही
मेरा घर शुरू होता है
वतन से निकलती हूँ तो ज़मीन शुरू हो जाती है
ज़मीन से निकलती हूँ तो वतन शुरू हो जाता है

लिबासों के रंग भी तो जिस्म पे रंग छोड़ते हैं
मेरी रोशनी सिग्नल से भी कम थी
पहलू बदल-बदल के शायद खरी हो जाऊँ
मुझे नाख़ूनों में फंसे लोग पसंद नहीं
मुँह काला होने से तो बेहतर है
ज़बान सफ़ेद पड़ जाए
अभी तक तो गंदुमी रंग कहलाता है
चराग़ तो मेरी माँ के ज़माने में दहकते थे
हम बात-बात पर तक़सीम होते रहते हैं
सफ़र के लिए क़तार में बेईमानी करती हूँ

गुड़िया कुछ मद्धम-मद्धम सी लग रही है
मेरी बेटी की उम्र घट रही है
वक़्त सोता कहाँ है
कभी मुझे घटाता है
और कभी पूरे दिनों के बाद भी
शीर[1] चखने नहीं आता
बस रोटी बदन को खँगाल के खा रही हूँ
और फ़ासलों का बैन[2] कैसे करती
सुहागनें तक अपनी बेटियों को रुख़सत कर देती हैं
मैं तो फिर तमग़े रखती हूँ
हालाँकि अपाहिज बच्चा तक मेरे पास नहीं
डर के इतने नख़रे हैं
कि ख़्वाजासरा[3] रात-रात भर तंग करते हैं
और बार-बार भूल जाती हूँ
कि कुत्ता हड्डी देर तक चबाता है

मैं इस जिस्म को थूक दूँगी
कि आख़िरी गाली तक मैंने सब्र का वादा किया था
और जहाँ गवाही हो वहाँ इन्सान का क्या काम?

---

1. क्षीर, दूध; 2. विलाप; 3. किन्नर

कोई कपड़े कैसे बदल गया

मैं अपने लिबास फेंकती जा रही हूँ
शायद कोई ठिठुरता हो
कल तुम्हें बाँट देगी
और मिट्टी पे कोई सीधी राह नहीं है
चराग़ ने चुग़ली सीखी
और क़तार में फ़ासला रखा
वो वहीं रह गया जहाँ से मुझे चलना था
दाग़ किस की चिता पे जलेंगे
टूटे खिलौने हाथों से आज़ाद हैं
खेल मैदानों में रहने लगे
बीन रस्सियों पे बजाई जाने लगी
परिंदों के चहचहाने में बल पड़ गए हैं
मैं कफ़न हारने चली थी
और मिट्टी दरयाफ़्त कर बैठी
दीवारों में ईंटें मरने लगीं
मैं उतरी हूँ
तुम्हारे क़दम क्यों घट रहे हैं
दार[1] ने रिहाई पाई, कोई नई सज़ा तक़सीम करो
लहू में आवाज़ रह गई
कोई कैसे कपड़े बदल गया!

1. फांसी का तख़्ता

औरत और नमक

इज़्ज़त की बहुत-सी क़िस्में हैं
घूँघट, थप्पड़, गंदुम
इज़्ज़त के ताबूत में क़ैद की मीख़ें[1] ठोंकी गई हैं
घर से लेकर फ़ुटपाथ तक हमारा नहीं
इज़्ज़त हमारे गुज़ारे की बात है
इज़्ज़त के नेज़े[2] से हमें दाग़ा जाता है
इज़्ज़त की कनी हमारी ज़बान से शुरू होती है
कोई रात हमारा नमक चख ले
तो एक ज़िंदगी हमें बे-ज़ायका रोटी कहा जाता है
ये कैसा बाज़ार है
कि रंग-साज़ ही फीका पड़ा है
ख़ला[3] की हथेली पे पतंगे मर रही हैं
मैं क़ैद में बच्चे जनती हूँ
जायज़ औलाद के लिए ज़मीन खिलंदड़ी होनी चाहिए
तुम डर में बच्चे जनती हो, इसीलिए आज तुम्हारी कोई नस्ल नहीं
तुम जिस्म के एक बंद से पुकारी जाती हो
तुम्हारी हैसियत में तो चाल रख दी गई है
एक ख़ूबसूरत चाल
झूठी मुस्कुराहट तुम्हारे लबों पे तराश दी गई है
तुम सदियों से नहीं रोईं

---

1. कीलें; 2. भाला; 3. शून्य, अंतरिक्ष

क्या माँ ऐसी होती है!
तुम्हारे बच्चे फीके क्यों पड़े हैं
तुम किस कुनबे की माँ हो
रेप की-क़ैद की-बँटे हुए जिस्म की
या ईंटों में चुनी हुई बेटियों की!
बाज़ारों में तुम्हारी बेटियाँ
अपने लहू से भूख गूँधती हैं
और अपना गोश्त खाती हैं
ये तुम्हारी कौन-सी आँखें हैं
ये तुम्हारे घर की दीवार की कौन-सी चिनाई है
तुमने मेरी हँसी में तआरुफ़ रक्खा
और अपने बेटे का नाम सिक्का-ए-राइज-उल-वक़्त[1]

आज तुम्हारी बेटी अपनी बेटियों से कहती है
मैं अपनी बेटी की ज़बान दागूँगी
लहू थूकती औरत धात[2] नहीं
चूड़ियों की चोर नहीं
मैदान मेरा हौसला है
अंगारा मेरी ख़्वाहिश

हम सर पे कफ़न बाँधकर पैदा हुए हैं
कोई अँगूठी पहनकर नहीं
जिसे तुम चोरी कर लोगे।

1. सिक्का जो अपने समय में चलन में हो; 2. धातु

मौत की तलाशी मत लो

बादलों में ही मेरी तो बारिश मर गई
अभी-अभी बहुत ख़ुश-लिबास था वो
मेरी ख़ता कर बैठा...
कोई जाए तो चली जाऊँ
कोई आए तो रुख़सत हो जाऊँ :
मेरे हाथों में कोई दिल मर गया है
मौत की तलाशी मत लो
इन्सान से पहले मौत ज़िंदा थी :
टूटने वाले ज़मीन पर रह गए
मैं पेड़ से गिरा साया हूँ
आवाज़ से पहले घट नहीं सकती
मेरी आँखों में कोई दिल मर गया है...

आतिश-दान

आतिश-दानों से
अपने दहकते हुए सीने निकालो
वर्ना आख़िर-ए-दिन
आग और लकड़ी को अशरफ़-उल-मख़लूक़[1]
बना दिया जाएगा

1. जीवों में सर्वश्रेष्ठ

आँखों के धागे

मैं जो चौराहे पे खड़ी
अपनी कमान की तरफ़ लौटना चाहती हूँ
वो जो लहू में फँसा
कुछ और जीना चाहता है
मेरा साया जैसे किसी दीवार के साथ शामिल हो गया हो
पानियों में जैसे अलम[1] ठंडे हो रहे हों
आँखों के धागे पानियों में बहा दिए गए हों
तुम कि शाम के सूरज से धूप चुराते हो
मैं कि सुबह की रात भी चुरा लेती हूँ...
और थका-माँदा सुबह का तारा
जब सारे आसमान पर अकेला होता है
उसी वक़्त की क़द्र करती हूँ
तो धरती का एक दिन
मेरी उम्र का एक हिस्सा काट डालता है

---

1. दुःख

बाहर आधी बारिश हो रही है

आईने को शुमार मत करो
वो एक क़दम चल नहीं सकता
क़दम और आईने का ताल्लुक़
झाँकना है तो आँख से झाँकते
कमरे के बाहर क्या दिन है
बाहर सर-सब्ज़ पहाड़ियों का ताना[1] है
बाहर आधी बारिश हो रही है
बालों में कोई गिरह नहीं रहती
वक़्त रहता है
कमरे के अंदर क्या दिन हैं
आवाज़ मिलाकर कोई सदा मत देना
दीवारों पर चोरी होने लगे
तो इस का मतलब है
हम दोनों महफ़ूज़[2] नहीं हैं
हवाएँ ज़मीन की कंघी कर रही हैं

---

1. व्यंग्य, कटाक्ष; 2. सुरक्षित

मुझे पत्थर की आँख से देखना

दो सदाएँ
एक ज़मीन चुरा रही है और एक इन्सान
मुझे मेरी आँख चुरा रही है
मैं मर रही हूँ
सरगोशी में बंद इंसान
अपना लम्हा ज़ंजीर करता है
और अपने दिल की गिरह को चादर करता है
सारी मुँडेरें
उधारी आँखें हैं
सारे मौसम मुझ से शुरू होते हैं
देखने वालो
मुझे पत्थर की आँख से देखना!

रात चुटकी बजाती है दिन की पोर से

पेड़ों की पायल हवा पहने
दरिया को साकित[1] किए देती है
और फिर समुंदर ने कहा
किनारों की गोद में मैं एक सफ़र हूँ
रस्सी का जहाज़ डूब चुका है
और लहरें जालों का
एतबार क़ायम किए हुए हैं
फिर ये पत्थरों को देखती लहरें
गुम हो जाती हैं गहरे साकित हुजूम में
रात चुटकी बजाती है दिन की पोर से
वक़्त लेकर आने लगे
जिनके पाँव चुरा लिए गए
और बीन दरियाओं पे बजाई जाने लगी
हम अपनी शर्मगाहों[2] में छुपे बैठे थे
कि दूसरों की आँखें उलट-पलट कर देखने लगे
बाज़ुओं और टाँगों में पैरों का फ़ासला है
मैंने एक पाँव काटा
और एक संग-ए-मील बना दिया।

---

1. निश्चल; 2. यौनियों

मैं अपनी दीवार की आख़िरी ईंट थी

उसने आख़िरी बर्तन गिना
और मेरी प्यास बता दी
कभी मैं उसे खोती कभी वो मुझे ढूँढ़ लेता
ज़मीनी बाज़गश्त[1] से दुखों को ज़बान मिल गई
मेरा मकान ख़ाली पड़ा था
और मैं पड़ोस में रह रही थी
कि समुंदर के कच्चे रास्तों की मुझे ख़बर हो गई
मैं अपने मकान की आख़िरी ईंट थी
वो मुझ से टूट गिरे थे
जिनके लिबास मेरे बराबर हो गए थे
वो मुझे महँगी आँख से देख रहे थे
और किरन का दर्द शदीद था

वो मेरे थे और हाँ कह गए थे
हमारे दरमियान ज़मीन सो गई थी
वो नींद में गुनगुना रहे थे
उसने मुझे सूरज के दो रंग गिनवाए
तो मैं उसका चाँद बूझ गई
रात दीवारों में रहने लगी
फिर सूरज कभी न लौटा

---

1. प्रतिध्वनि

मैं अपनी आँख सेंक रही थी
कि पत्थर चटख़ गए
और दरवाज़ों की तरफ़ दीवारें बढ़ गईं
मैं लहू में घुल-मिल गई तो आँख बोल उठी
फूल चुन लेती तो मिट्टी का दीदार कैसे करती
पगडंडी पुकारी—संग-ए-मील झूठा है
आँख के पास है सीधी राह
वो मेरी आँखों के हमबिस्तर[1] थे
मन-सा मनका कहाँ रखती
मेरी रात इन्सान ख़रीद लाई है, चुप मत रहना
मुँडेरों पर दुपट्टे सुखाने वालियाँ क्या घर में हैं
सूरज किसी की क्यारी है
चाँद दो घूँट प्यास और
हाथ झटककर मैं तो पैदल चल निकली
जंगल रखती हूँ, मुझे अपनी-अपनी बोलियाँ तो दो।

1. संभोगी

चाँद कितना तन्हा है

पिंजरे का साया भी क़ैद है
लिबास का साया मैं होती जा रही हूँ
मेरे हाथ दूसरों में बस रहते हैं :
मिट्टी अकेली हो गई है
अकेला दरिया समुंदर क्यों गया
फ़ैसला कितना तन्हा है
रूठ-रूठ जाती हूँ मरने वालों से
और जाग उठती हूँ आग में
गूँज रही हूँ पत्थर में
डूब चली हूँ मिट्टी में कौन-सा पेड़ उगेगा
मेरे दुखों का नाम बच्चा है
मेरे हाथों में टूटे खिलौने
और आँखों में इन्सान है
बे-शुमार जिस्म मुझ से आँखें माँग रहे हैं
मैं कहाँ से अपनी इब्तिदा[1] करूँ
आसमानों की उम्र मेरी उम्र से छोटी है
परवाज़ ज़मीन नहीं रखती
हाथ किस की आवाज़ हैं
मेरे झूठ सह लेना
जब जंगल से परिंदों को आज़ाद कर दो

---

1. प्रारंभ

चराग़ को आग चखती है
मैं ज़ात की मुँडेर पर कपड़े सुखाती हूँ
मेरे फ़ासले में आँख है
मेरे लिबास मेरे दुख हैं
मैं आग का लिबास पहनने वाली
अपनी छाँहों का नाम बताऊँ
मैं तमाम रातों के चाँद तुम्हें देती हूँ।

बैसाखियाँ

बैसाखियों में लगी आग
कौन जाने, ज़िंदा कौन है
घड़ी या वक़्त
हड्डियों की बैसाखियों पर जज़्बे उतरे
और एक बैसाखी दिल—जो जलती रहती है
दुख की तलाशी लेती रहती है
कूड़े-करकट के ढेर पे जो जज़्बे जल रहे हैं
अपनी बैसाखियाँ भूल गए हैं
और तुम जो मुझे गिन रहे हो
अपनी बैसाखी भूल रहे हो
रूह की तन-आसानी[1] से बैसाखियों का पैमान[2] बाँधा
और मुझे घर कहा...
तो सारी बैसाखियाँ मेरी तरफ़ देखने लगीं
दीप के मन में जो बैसाखी जल रही है
वो मेरा दिल था
बैसाखी जो मुर्दा पेड़ से बनाई गई है
कितने सच्चे मौसम रखती है...

---

1. आलस, सुस्ती; 2. वचन, वादा

मेरे तीनों फूल प्यासे हैं

माँ के आँसू अब ज़मीन पे गिरने लगे हैं
और लोग हँसने लगे हैं
मेरे पास और भी मौत के सात रोज़ हैं
अल-विदा क्या ऐसी होती है!
कि मेरा हाथ थमने वाला है :
मेरी क़मीज़ के धागों से दास्तानें लिखी जाएँगी
रोना मत, मेरा लहू बहुत उदास था
मेरे कत्बे[1] पे फूलों को दुहराना मत
उड़ जाने वाली आँखें कहीं न कहीं तो बस रही होती हैं
पगली मैं नहीं, उसका क़दम था
जो मेरे लहू में दाख़िल हो गया था :

काश मैं आँखें तुम्हें बाँध कर दे सकती
सबसे ज़्यादा फ़ुज़ूल-ख़र्च आँख होती है

मैंने तो बहुत हँसी बाँटी थी
ये मेरे होंटों से कैसे गिर गए...
कौन मेरे नाम की रोटी देकर भूखा रहता है
कौन मुझे कांधा देकर गुज़र जाता है :
मेरे गजरे के तीन फूल प्यासे हैं...

---

1. समाधि लेख

"इससे पहले कि मैं मिट्टी में रच जाऊँ
मेरे साथ इन्साफ़ करना..."
मेरे रास्तों की भूल मुझे माफ़ करना
कि कुएँ में डोलती रस्सी जल तो सकती है
प्यास नहीं बुझा सकती
किस-किस के हाथ पे आँखें रख दूँ
और किस-किस को अलविदा न कहूँ

क़ैदख़ाना शुरू होता है

इन्सान वो है जो बदी को भी ईमानदारी से ख़र्च करे
हमारा आधा धड़ नेकी है और आधा धड़ बदी[1] है...
लफ़्ज़ बड़ा आदमख़ोर होता है
तुमसे एक क़ैदख़ाना शुरू होता है...
मेरे लब हिलते तो लोग हँसते
मगर मेरी कठपुतली मुझसे ख़ुश थी...
मैं पल्लू से पैसे चुराती रही
मैंने ये पैसे कभी ख़र्च नहीं किए, ख़ैरात कर दिए
मैंने मोल सुराहियाँ भरीं
प्यास मुझे महँगी पड़ी...
बताने वालों ने बताया
"तेरी कोख से पैदा होने वाले, तेरे सब्र से मर गए"
और सख़ी[2] लौंडी मुल्क-बदर कर दी गई
जब से समुंदर क़रीब रहने लगा है
मुहल्ले के बच्चे दूर तक नहीं जाते...
उनकी माएँ उन्हें बताती हैं
कि खेल से ज़्यादा गेंद महँगी होती है
बताने वालों ने बताया
तुम्हारी माँ खाँस रही है
और दवा से ख़ाली शीशी तक चार आने में आती है

---

1. बुराई; 2. उदार

उसका दुख या तो मैं हूँ
या किसी भी इलाक़े की कोई एक क़ब्र
नागमनी का भी एक तहवार[1] होता है
लेकिन मैं इतनी ज़हरीली हो चुकी हूँ
कि अपने मन के गिर्द नहीं नाच सकती...
मोर अपने पाँव देखकर रोता है
मैं अपने इन्सान देखकर रोती हूँ...
इन खेतों की उजरत ही हमारी भूख है
जूती के टूटने पे एक कील ठोंक दी जाती है
और एक सफ़र ईजाद कर दिया जाता है...
किसी बच्चे को सोच के फ़न-पारे[2] अदा करने होंगे
और कोई टक्साल पे बह जाएगा...
सूरज निकलने से पहले
इस मुहल्ले का नाम तब्दील हो जाएगा
और संग-ए-मील पे बच्चों की उम्र लिख दी जाएगी

मैं भी पहले पेड़ों की तरह सोचा करती थी
जाने वाले को मुबारकबाद देती थी
और आने वाले को अल-विदा...
सलाख़ तराशो कि क़ैद का नया मफ़हूम[3] सामने आए

---

1. त्योहार; 2. कलाकृतियाँ; 3. अर्थ

घड़ी जो दीवार हो चुकी थी

तुम्हारा दूसरा सरापा[1]!
मेरी माँ फ़ौत[2] हो चुकी है...
मेरे दोस्त समुंदर!
मेरे बटन तेरे सीने में कहीं दफ़्न हो गए :
मेरे आँगन के पौदे की क़मीज़ में
किसी ने बटन टाँक दिए :
पौदा बढ़ गया मेरी दीवार छोटी पड़ गई :
जैसे मेरे सरापे को नई और पुरानी घड़ियों की
सुइयों से सी दिया गया हो
पुरानी घड़ी की सुई
और चादर के तार से बटन लगाती हूँ
तुम्हारी चादर के दो तार कम हो गए :
ये चादर भी ले लो और पुरानी घड़ी की सुइयाँ भी...
और घड़ी जो दीवार हो चुकी थी

1. सर से पाँव तक, पूर्ण आकृति; 2. मर चुकी है

दूसरा पहाड़

यह दूसरा पहाड़ था
जहाँ चीज़ों में मेरी उम्र के कुछ हिस्से पड़े थे
मैं यहाँ से कितनी बे-तरतीब गई थी
और मैं अपना दिन गर्द कर के आ रही थी
सारी चीज़ों ने मुझे गले लगाया
मैंने छोटे जूते छाबड़ी वाले को फ़रोख़्त[1] कर दिए
और सिक्के हैंगर में पड़े छोटे कपड़ों में डाल दिए
मैं आईने के सामने खड़ी हुई
और अपनी आँखों की झुर्रियाँ गिनने लगी
आग पर परिंदे सेंकने लगी
तो भूख मेरी एड़ी से डर निकली।

---

1. विक्रय, बेचना

च्यूँटी-भर आटा

हम किस दुख से अपने मकान फ़रोख़्त[1] करते हैं
और भूख के लिए च्यूँटी-भर आटा ख़रीदते हैं...
हमें बंद कमरों में क्यों पिरो दिया गया है
एक दिन की उम्र वाले तो अभी दरवाज़ा ताक रहे हैं...
चाल लहू की बूँद-बूँद माँग रही है
किसी को चुराना हो तो सब से पहले उसके क़दम चुराओ...
तुम चीथड़े पर बैठे ज़बान पे फूल बाँधो
और आवाज़ को रस्सी करो

इन्सान का प्याला समुंदर के प्याले से मिट्टी निकालता है :
मिट्टी के साँप बनाता है और भूख पालता है
तिनके जब शुआओं[2] की प्यास न बुझा सके तो आग लगी
मैंने आग को धोया और धूप को सुखाया
सूरज जो दिन का सीना जला रहा था
आसमानी रंग से भर दिया
अब आसमान की जगह कोरा काग़ज़ बिछा दिया गया
लोग मौसम से धोका खाने लगे
"फिर एक आदमी को तोड़कर मैंने सूरज बनाया"

लोगों की पोरें कुएँ में भर दीं
और आसमान को धागा किया

---

1. विक्रय; 2. किरणों;

कायनात[1] को नई करवट नसीब हुई
लोगों ने ईंटों के मकान बनाना छोड़ दिए
आँखों की ज़बान-दराज़ी रंग लाई
अब एक क़दम पे दिन और एक क़दम पे रात होती
हाल जुर्रत-ए-गुज़श्ता[2] है
"आ तेरे बालों से शुआओं के इल्ज़ाम उठा लूँ"

तुम अपनी सूरत पहाड़ की खोह में इशारा कर आए
कुंद हवाओं का एतराफ़[3] है
सफ़र एड़ी पे खड़ा हुआ
"समुंदर और मिट्टी ने रोना शुरू कर दिया है"
बेलचे और बाज़ू को दो बाज़ू तसव्वुर[4] करना
सूरज आसमान के कोने के साथ लटका हुआ था
और अपनी शुआएँ अपने जिस्म के गिर्द लपेट रखी थीं
मैंने ख़ाली कमरे में माफ़ी रखी
और मेरा सीना दूसरों के दरवाज़े पर धड़क रहा था।

---

1. ब्रह्माण्ड; 2. बीता हुआ साहस; 3. स्वीकृति; 4. कल्पना

यह रोज़ कौन मर जाता है

मैं टूटे चाँद को सुबह तक गँवा बैठी हूँ
इस रात कोई काला फूल खिलेगा
मैं अनगिनत आँखों से टूट गिरी हूँ
मेरा लहू कंकर-कंकर हुआ
मेरे पहले क़दम की ख़्वाहिश दूसरा क़दम नहीं
मेरे ख़ाक होने की ख़्वाहिश मिटी नहीं
ऐ मेरे पालने वाले ख़ुदा?
मिरा दुख नींद नहीं, तिरा जाग जाना है

कौन मेरी ख़ामोशी पर बैन करता है
कौन मेरे सुख के कंकर चुनता है
यह रोज़, ये रोज़ कौन मर जाता है
जाग अपाहिज बच्चों के रब
कि मेरी आँखें जवान हुईं
नीयत की आस्तीन पर रात फुंकारती है
वक़्त की सलाख़ों पर
इन्सानों के चराग़ जलाए जाते हैं

मैं अपने लहू से, अपने जज़्बे चुनती
तो मेरे हाथ जल जाते
इस भूख का मेरे बच्चों के साथ
इनकार देख!

बेवतन बदन को मौत नहीं आती

टूटे हो!
ज़रा और लहू अंगार करो :
गुनाह की चादर इन्सान की चादर से छोटी होती है...
हैरत है तुम्हारी आवाज़ ख़ामोश हो रही है
दुख के कुएँ से आवाज़ लौट आती है
शाम का लिबास पहनने वाले
तेरे पास सूरज का आख़िरी साँस भी तो है
भला कहाँ आवाज़ की बोली लगती है!
गलियों को तन्हा छोड़ने वाले
गुनाह की दहलीज़ पर क़दम रख के चल
कि तौबा करने वाले तेरे साथ हैं...
ये तीसरी बात है कि कौन कहाँ से टूटा

भूख की बोली लगाने वाला छोटा आदमी नहीं होता...
आओ हम ज़मीनों को निगलकर एक घर बनाएँ
मैं तेरे कफ़न की गवाही देती हूँ
कि मिट्टी हूँ...
तेरे एक आँसू की मौत पे कितने गुनाह रोते हैं
हमें पत्थर को देखना ही होता है
जब तक हमारा लहू कंकर-कंकर न हो जाए...

इन्सान से ज़ब्त[1] तो हाँ माँगती है, इनकार कहा?
मुझे अपने बेवतन बदन की क़सम
रोटी हमेशा आग पर पकती है...
मिट्टी को भूख लगे तो क़ब्र बनती है
भूख तो इन्सान का वतन है...
बताओ : क़दम न हों तो आँखों की कौन-सी हद है?
मौत तुम्हारा असासा[2] है
मिट्टी कितने ख़्वाब देखती है...
तुमने रात में पंछी आज़ाद कर दिए
शाम का इंतिज़ार किया होता :
रात-दिन हमारी उम्र की सरगोशियाँ हैं, हमारी कहाँ?

कैसे टहलता है चाँद आसमान पे
जैसे ज़ब्त की पहली मंज़िल...
आवाज़ के इलावा भी इन्सान है :
आँखों को छू लेने की क़ीमत पे उदास मत हो
क़ब्र की शर्म अभी बाक़ी है
हँसी हमारी मौत की शहादत है
लहद[3] में पैदा होने वाले बच्चे
हमारी माँ आँख है
क़ब्र तो मिट्टी का मक्र[4] है
फिर परिंदे सूरज से पहले किसी का ज़िक्र करते हैं!
आवाज़ के इलावा भी इन्सान है
टूटे हो!
ज़रा और लहू अंगार करो
कि मैं एक बे-लिबास औरत हूँ
और जितनी चाहूँ आँखें रखती हूँ
मैंने आवाज़ को तराशा है

---

1. सहन, बर्दाश्त; 2. पूँजी; 3. क़ब्र; 4. फ़रेब, धोखा;

है कोई मेरा मुजस्समा[1] बनाने वाला?
अपनी क़िस्मत पे उदास मत हो
मौत की शर्म अभी बाक़ी है
मुझे चादर देने वाले
तुझे हया तक दुख लग जाएँ
मुझे लफ़्ज़ देने वाले
"काश औरत भी जनाज़े को काँधा दे सकती"
हर क़दम ज़ंजीर मालूम हो रहा है और मेरा दिल
तह करके रख दिया गया है। शोर मुझे
लहूलुहान कर रहा है। मैं अपनी क़ैद काट
रही हूँ और इस क़ैद में कभी हाथ काटकर
फेंक देती हूँ। कभी आवाज़ काट-काट कर फेंक रही हूँ।
मेरा दिल दलदल में रहने वाला कीड़ा है और मैं क़ब्र से
दुतकारी हुई लाश
सड़ाँध ही सड़ाँध से मेरी आँखों का
ज़ायक़ा बदरूह हो रहा है
और मैं इन्सान की पहली और आख़िरी ग़लती पर दुम हिलाए
भौंकती चली जा रही हूँ
मैं जब इन्सान थी तो चोर की आस तक न थी
मैं आँखों में सलीब और दिल में अपनी लाश
लिए फिरती हूँ
सच्चाइयों के ज़हर से मरी हूँ
लेकिन दुनिया गोरकन[2] को ढूँढ़ने गई हुई है
वो मुझे आबाद करता है और आबाद कहता है
मैं हरी-भरी प्यास से ज़रख़ेज़[3] हो जाती हूँ
और फूलों को मिट्टी में दफ़नाने लगती हूँ
दर्द मेरे अज़दहे का नाम है
और साँप की भूख मेरा घर है

---

1. मूर्ति; 2. क़ब्र खोदने वाला; 3. उपजाऊ

पनाह-गाहों की छाँव मुझे काट रही है
और मेरे गँदले लहू में काग़ज़ की नाव
चल फिर रही है
और मैं नाव को आँखों में सुला देना
चाहती हूँ कि यह नाव काग़ज़ की नाव
मेरे बच्चों की नाव है

ज़िंदगी की किताब का आख़िरी सफ़हा

देखते ही देखते कश्ती ज़मीन से जा मिली
अभी तो और समुंदर ढोना था
रात बहुत तड़पी ज़मीन पे मैं
माँ ख़ामोशी से बैठी बुझ रही थी
ज़िंदगी के हाथ पीले कर ही दूँ, क्या भरोसा इस कुड़ी का
मैं भी तो रंग-रंग उड़ती फिरी ख़लाओं[1] में
आँख घुट के रह गई है
मौत क़हक़हा लगाना चाहती है
लेकिन मेरे पास वक़्त और हँसी कम है
बदन से दिल उखड़ गया है
बे-ख़बरी ठंडे क़दम चलने लगी है
और वो बाल खोले मुझे बुला रही है।

---

1. शून्य, शून्यों

आँखें साँस ले रही हैं

अगर उँगली काट के सवाल पूछा जाएगा
तो जवाब बे-पोर होगा
घर आओ! देखो इन्सान और लहू आमने-सामने खड़े हैं
क्या जवाब दें तुम्हें ये निचुड़ी दीवारें
जिनकी ईंटें ज़मीन के अंदर दफ़्न हो चुकी हैं
तन्हाइयों की नोकें मेरे आज़ा[1] में पैवस्त कर दी गई हैं
फिर भी कहते हो, आओ बाग़ को चलें
मैं अपनी आँखों पे ज़िंदा हूँ
मेरे लब पत्थर हो चुके हैं
और किसी संगतराश ने उनका मुजस्समा
किसी पहाड़ की चोटी पर नस्ब[2] कर दिया है
मैं लहू से बेगानी हूँ

मेरे जज़्बे अपाहिज कर दिए गए हैं
मैं मुकम्मल गुफ़्तगू नहीं कर सकती
मैं मुकम्मल उधार हूँ
मेरी क़ब्र के चराग़ों से हाथ तापने वालो
ठिठुरे वक़्त पर एक दिन मैं भी काँपी थी

काश, आँखें आवाज़ होतीं
ज़ंग की धार मेरे लहू में रच रही है

---

1. शरीर के अंग; 2. स्थापित

बताओ थोड़े फूल दोगे
तेवर ज़ंग-आलूद हो चुके हैं
मैंने किसी से शायद वादा कर लिया था
मुस्कुराहट हँसेगी तो आँखें हँसेंगी
ये लफ़्ज़ खिड़की का पर्दा हुए
लेकिन दीवार का पर्दा न हो सके
रफ़्ता-रफ़्ता पत्थर मेरी गर्दन तक आ पहुँचे हैं
डर है कहीं मेरी आवाज़ पत्थर न हो जाए
यहाँ तो रोज़ मुझे मेरी क़ब्र से उखाड़ा जाता है
कि लोग मेरी ज़िंदगी के गुनाह गिन सकें
यहाँ तो मेरे लहू की बूँद-बूँद को रँगा जा रहा है

लोगों की पोरें अंगारा हो रही हैं
मैं किस से हाथ मिलाऊँ
कि मेरी याद के साथ हर हर दिल में
एक पत्थर नस्ब कर दिया गया है

मैंने नहीं कहा था
"सूरज हमेशा मेरे कपड़ों का रंग चुरा ले जाता है"
मेरे क़दम मुझे वापस कर दो
यह उधार महँगा है :
मेरी दुकान छोटी है
जाने कौन-सी सड़क पे हम दौड़े थे
मैं पूरी मिट्टी में छुप गई
और तुम मिट्टी पे पानी छिड़का के
सोंधी-सोंधी ख़ुशबू अपने जज़्बे में लिए
अपनी ज़िंदगी के दिन बढ़ा रहे हो...
देख तेरा चाँद पत्थर पे लुढ़क आया है
अब कौन से चाँद को देखकर
लोग दुआएँ माँगेंगे

मेरा कफ़न ज़हरीले धागों से सिया जा रहा है
और तुम कहते हो :
सफ़ेद लिबास में तुम कितनी अच्छी लगती हो...
मेरे मक़बरे पे थूकने वाले
जब कोरे-काग़ज़ को आग रँगती है
मुझे क्यों भूल जाते हो...
जब अँगारे शाख़ों को याद करते हैं
तो तुम अपने आतिश-दान रोशन कर लेते हो...
देख! मैं मिट्टी में सिमटी जा रही हूँ
फिर तुझ से हाथ मिलाने की ख़्वाहिश आँखों तक आ जाएगी

तुम मिट्टी उखाड़ोगे
एक परिंदे की लाश निकलेगी
जिसे किसी बच्चे ने इंतिहाई मुहब्बत से दफ़्न किया होगा
तुम फिर मिट्टी उखाड़ोगे
मैं मिट्टी में लेटी एक दिन तुम्हें मिल जाऊँगी
और तुम्हें अपनी आँखों में दफ़्न कर लूँगी
तुम फिर मिट्टी उखाड़ोगे
और मिट्टी की लकीर कभी भी नहीं मरती
शाख़ों को काँधा देते हुए लोग
मेरे सफ़ेद लिबास पे फूल रखने वाले लोग
मेरे आज़ा में कांधा बदल रहे हैं
मेरे लहू में दौड़ने वाले
तेरे क़दम फिसल रहे हैं
शायद ज़मीन दो-शाख़ हो गई है
"या दुख और सुख में हमारी आवाज़ रँग दी गई है"
मैं आहिस्ता देखा करूँगी
कि वक़्त की पेशानी के तेवर गिन सकूँ
मैं आहिस्ता सोया करूँगी
कि नींद मेरी ज़िंदगी को भगा कर न ले जाए

मैं आहिस्ता रोया करूँगी
कि आँसू और आवाज़ इन्सान को मकरूह[1] न कर सकें
मैं मिट्टी पे आहिस्ता क़दम रखूँगी
कि मिट्टी में मेरे दुख पैवस्त न हो सकें
काश इंतिक़ाल करने से पहले
मैं अपना दिल कहीं बो सकती
ख़ुदा ने काश आज़ा[2] बोने की इजाज़त दी होती
शायद मैं अपना दिल कहीं बो चुकी हूँ
सीना मुहब्बत करने वालों की पहले क़ब्रें तैयार करता है
फिर एक दूसरे के सीने में
खुदी हुई क़ब्र में दफ़्न कर दिए जाते हैं
आँखों के असबाब किसी क़ुली को थमा दिए जाते हैं
चौराहे पे बनाए हुए मुजस्समे को नज़रअंदाज़ करते हुए लोग
उन्हें क्या ख़बर
जिसका मुजस्समा नस्ब कर दिया गया है
वो ज़िंदा है या मुर्दा
मैंने दरवाज़े को निगाह किया
दरवाज़े ने मुझे निगाह किया
घर से मत जाना
आज हवाओं को दरअस्ल पागल कुत्ते ने काट लिया है

मुसाफ़िरों से अपनी सारी ज़िंदगी की बातें मत करो
जाने कौन-से संग-ए-मील पे मैं पलक झपक जाऊँ
"मेरे आँगन में जितनी धूप थी
उससे मैंने तुम्हारे कपड़े सुखा दिए"
मेरा घर पानियों से बना दो
कि रवानी मेरी रूह है
आज मैं तुमसे नंगी बातें करूँगी
कि मेरे बचपन के लिबास छोटे हो गए हैं।

---

1. घृणास्पद; 2. शरीर के अंग

बदन से पूरी आँख है मेरी

जाओ जा-नमाज़[1] से
अपनी पसंद की दुआ उठा लो
हर रंग की दुआ मैं माँग चुकी
बाग़बाँ! दिल का बीज तेरे पास भी न होगा
देख धुएँ में आग कैसे लगती है
मेरे पैरहन[2] की तपिश मिट्टी कैसे जलाती है
बदन से पूरी आँख है मेरी
निगाह जोतने की ज़रूरत ही क्या पड़ी है
मेरी बारिशों के तीन रंग हैं
टूटी कमान पे एक निशान ख़ता का पड़ा है
हम चाहें तो सूरज हमारी रोटी पकाए
और हम सूरज को तंदूर करें
फ़ैसला चुका दिया ख़ता अपनी भूल गए
नज़्र[3] करने आए थे चुटकी-भर आँख
आँख तेरी गलियों में तो बाज़ार हैं
ज़मीन आँख छोड़कर समुंदर में सो रही
जंगल तो सिर्फ़ तलाश है
घर तो कायनात के पिछवाड़े ही रह गया
शिकार कमान में फँस-फँस कर मरा
तुम कैसे शिकारी
आँखें तेवरों से जल रही हैं

---

1. नमाज़ पढ़ने वाली दरी, चादर; 2. लिबास; 3. भेंट

जिस्म ज़िंदगी की मुलाज़िमत में है
तन्हाई कशकोल[1] है
हमने आँखों से शमशीर[2] खींची
और रुख़स्त की तस्वीर बनाई
रात गोद में सुलाई
और चाँद का जूता बनवाया
हमने राह में अपने पैरों को जना।

1. भीख का कटोरा; 2. तलवार

पत्थरों का पैमान[1]

मेरे सामने ईंट के बातिन[2] में दीवार
मन में मेरे अपना ही एक बेरंग बुत
ठक-ठक कर के भागे
मेरे घर में चोर भी देखो सीधी राह न पाए
रात के जूते सुबह चुराए
सुबह के जूते शाम
हमने मुड़कर आँख सँवारी,
अबद से अज़ल[3] तक
खुले दरवाज़े किस ने खटखटाए!
ख़लाएँ[4] तो परिंदों से पुर हैं
ग़ुरूब[5]-ए-आँख कैसा समुंदर
क़ियाम[6] के उम्दा मकान उलटा

लहद-पोश[7] सूरज दिखाया किस ने
अब हमारी बारी आई तो मंत्र पराए
दुख-सुख दो फ़रिश्ते जिन्होंने जीवन खोज लगाए
उस पेड़ तक जो पहले पहुँचे वही राजा कहलाए
हाथ ने शाख़ से कहा
कितनी शाख़ें तेरी कितनी शाख़ें मेरी!

---

1. वचन, वादा; 2. अंदर, अंतरात्मा; 3. अनंत से प्रारंभ; 4. शून्य, ब्रह्मांड, अंतरिक्ष; 5. डूबना; 6. ठहराव, स्थिर; 7. क़ब्र ओढ़े हुए

पैदा हुए लोग रोने से अनजाने डर से मर भी गए

चराग़ बुझा कर सह्र[1] देखते हैं
जो पानियों से मज़ाक़ करता है साहिल उससे मज़ाक़ करते हैं :
सजदा ज़मीन पर, इनायत अर्श[2] पर
मछली दरिया में, काँटा साहिल पर...

तार-तार वक़्त को सीना पड़ता
ज़हानत[3] तो तारीख़[4] ले उड़ी
बाँध दिया है मैंने सवा रुपया धरती के बाज़ू पर
मैं अपने दोनों हाथ छुपा कर तुमसे मिलूँगी :
मुर्दा पत्थरों से लहू-लुहान हुए तो क्या हुए
ख़ामोशी इन्सान को जन्म देती है
इन्सान लकड़हारा बन जाता है :
बंदा-परवरी[5] पिंजरे से हाथ मिलाती
सूरज में ख़म[6] आ जाता, सितारे आधे रह जाते :
वो नए वरक़[7] दे जाते
मैं लिखते-लिखते स्याही में डूब जाती...

जंगल जाने वाले!
दो पत्ते तोड़ लाना, या थोड़ा-सा हाल ख़रीद लाना
पहाड़ों के दामन में बहते दरिया
जानवरों की प्यास बुझा चुके हैं...
चिड़िया और दरिया की गुफ़्तगू किनारे तक क्यों ले आए हो
किनारे पे क्या डूबने वाले नहीं खड़े थे
वो आवाज़ को जला देते
और ख़ाक में पत्थर भर दिए जाते ज़रा से पानी के साथ
क्यों न हम एक दूसरे को गुज़ारते चले जाएँ

---

1. सुबह; 2. सातवाँ आसमान, ख़ुदा का आसन; 3. प्रतिभा, 4. इतिहास; 5. गुलाम पालना; 6. टेढ़ापन; 7. पन्ने

पहुँचकर मुझे राह दिखा देना :
पुरानी दीवारें दिल लिए पुकारती हैं :
इरादा पुतलियों की हैरत में पैवस्त होता है
कुटिया में रोशन चराग़
तख़्तों की क़ब्रें बना सकता है
लेकिन उसे तेरे घर का भी तो ख़याल है
शहरों के ख़ातिमे[1] भी कुछ इब्तिदा[2] करते हैं
चराग़ मिट्टी में नहीं जलता :
सुनाती हूँ एक कटाव!!
एक मुर्दा था एक ज़िंदा था
पहले की आँखें समुंदर गिनतीं, एक कश्ती पसंद न आती
दूसरे की आँखें पलकों से
गंदगी में भूली आयतें[3] ऊँची जगह रख देतीं :
सैकिण्ड दो राहों पे चलता :
महफ़ूज़[4] चाल से वो किसी की तरफ़ जा रहा होता

तलवारों के लिबास सिलवाने की रस्म कब से है
क्या मेरा मुख़ातिब[5] उतना घटिया है!
इन्सान ठाटें मारता तौबा करने लगा
झूठी रातें और गुज़रे दरिया
लेकिन सामने देखने की आदत नहीं जाती
दीवार के पार आँगन बदनाम हुए
किसी ने बेटी कहा किसी ने जिस्म सँवारा
तेज़-ओ-तुंद कपड़े पहन
वो टहनियों के टूटने की आवाज़ों से
सफ़र पे रवाना हो जाते
मुँह अँधेरे सोचना शुरू करते :
बौखलाए-बौखलाए तेवर हमें भुगतना पड़ते :

---

1. अंत, विनाश; 2. प्रारंभ; 3. क़ुरान की सूक्तियाँ; 4. सुरक्षित; 5. जिससे संबोधन किया जाए

ज़ख़्मी चराग़ बुझा दिए गए

सोगवार[1] गुनाह नंगी पोरें दिखाता...
लहूदार! तेरा फ़र्ज़ था मकान का किराया देता
दीवारों का ख़याल करता
कील ठोंक डाली तूने कैलेंडर के लिए
महँगे झूठ कभी सच के हत्थे चढ़े :
पहेली बने तारे रात-भर, बूझती किसे

नए कपड़े मुबारकबाद हुए जाते हैं...
चाँद को देखकर दुआएँ माँग रहे थे
तुमने क्या रात को यतीम[2] समझ रखा है
उजाले चराग़ों को पनाह नहीं देते
"एक दिल दो आँखें, एक इन्सान दो फ़रिश्ते"
लम्हे-भर का वादा घर से ऊँचा हुआ
सूरज निकलेगा तो फिर परिंदे लौटेंगे
जुआरी रंग चुराए धूप
रात के कोने मिट्टी के कौन-से घरों में बसे
अनजाने हाथ मुझे टटोलें...

कटोरे हाथ भर-भर दुआ मिट्टी से ऊँचे
रात को थप्पड़ मारो, बेपर्दा धरती, नंगे समुंदर!
खँडहर उजड़ी पनाहगाहें हैं
यहाँ इन्सान भी रह सकता है जानवर भी...
ये इमारत पत्थरों के पैमान से बनी है
शफ़क़[3] भूखी शेरनी, समुंदर भूखा शेर
संगम पे किस की लहद[4],
शम्मा को ढारस देने वाला ख़ाक हो!

---

1. शोकाकुल; 2. अनाथ; 3. आसमान की लालिमा; 4. क़ब्र

परख तो पत्थर समेट लाए...
हवाएँ कभी मिट्टी न होंगी :

हवाएँ इन्सान से लेकर काई तक हुक्म सादिर करती हैं
हवाएँ अशरफ़-उल-मख़लूक़[1] नहीं तो क्या हैं!
न भूख से कोई रिश्ता
इस पगली का कोई देस नहीं
ये ज़िंदा है तो मुर्दा भी
कभी क़ब्रों की माँ है
इन्सान के चंद सालों की ये पड़ोसन

मिट्टी पे पाँव मारूँ तो घर से ऊँची शाम
हिज्र[2] के पीछे दो बुत, तेवर के दो अबरू
सफ़ेद फूलों से मेरा जिस्म दाग़ा जाता है
धोका-दही[3] में पोरें दिल में डुबोईं
पत्थरनुमा मुजस्समे को पाया

क़र्ज़ख़ाह[4] वादे मुझे फलाँग चुके थे
अँगूठे समेत मैंने जन्म लिया
हाथ थे पत्थर, बाँहें दरिया, आँखें चढ़ता सूरज थीं
ये जोगी रंग था जीवन का!
"फिर दो फूलों ने, दो आँखों ने अहद[5] किया
मैं जागूँ तो तुम सोना, तुम सोओ तो मैं जागूँ"
मोर हरामी दूर खड़ा मुझे देख रहा
उन आँखों में मेरी आँखें थीं
दीप तेरा रंग, सखियों की मेहंदी जैसा,
और फिर मेरे जैसा

---

1. प्राणियों में सर्वश्रेष्ठ; 2. वियोग; 3. धोखा देना; 4. क़र्ज़ माँगने वाले; 5. प्रण, वादा

पानी छूती तो पानी पत्थर हो जाता
दुआ माँगती तो फ़रिश्ते तौबा करते...
सीने से ऊँची बात थी
फ़रिश्तों की जगह ख़ुदा ने दो मुर्दे मेरे संग कर दिए
दो-पहरों का सूरज बड़ा कमीना होता है
उतार फेंक खेत की उतरन
ये कपड़े, ये चेहरे, ये भूख...
धूल से डरने वाले शहसवार[1]
"मौत भी तुमसे कराह कर गुज़र जाएगी"
मैं सच्चे इल्ज़ाम से कह रही हूँ, नहा ले!
पानियों के मुक़द्दर किसी गंदगी को नहीं अपनाते

मैंने अपने आँगन में तीन रूहें गाड़ी थीं
जिनके जिस्म अभी ज़िंदा हैं
उनकी चुनी हुई कलियाँ मुझे फुंकारती हैं
उनकी जलती साँसों से मेरे लिबास जलते हैं
मैं आँखों के डर के मारे भागती हूँ
पत्ते जिस्म के गिर्द लपेटती हूँ
ये ज़र्द होकर हवा के साथ फ़रार हो जाते हैं
मैं पागल नहीं
आला नस्ल की कुतिया भी नहीं :
इन्सान तो दूर की बात है या नज़दीक की
मुझे थाम ले अज़ाब[2], मैंने कौन सा सब्र किया था...
तलवारों के साये में आँसुओं की तसल्लियाँ :
मेरी माँ ने कहा था
बेटी मेरे पसीने में नहाए हुए दुखों का ख़याल करना

मैं मकरूह[3] धूप से आलूद[4] हो गई
झूमते हाथी की तरह...

---

1. बेहतरीन घुड़सवार, बहादुर; 2. प्रताड़ना; 3. घृणित; 4. दूषित

फिर साँप की चाल चली, बच्चे बूढ़े होने लगे
नमाज़ वक़्त का तअय्युन[1] किए बग़ैर पढ़ी
बात की फ़िक्र कहाँ तक लाई
लहू में गूँधे पत्थर, दुनिया ने कहा, कुतिया...

मैं क़ब्र पे पहुँची और पूछा
ऐ फ़रिश्तो! तुमने मुझे सजदा किया,
और दुनिया में नज़र-अंदाज़ी भूल गए!
राहों में तुमने मुझे परेशान किया!
किधर है ख़िज़्र[2]?
उसको ख़बर नहीं थी, मैंने दुनिया ही कब देखी थी...

दो नयनों का घराना एक
बुतों के देवता, मैं तेरे जैसी होने लगी
बंजर प्यास पे रोना कैसा?
रात भी गोया कोई शाख़ ठहरी :
मिट्टी के स्याह पिल्ले!
बरह्ना[3] मिट्टी पे बरह्ना इन्सान आया
बरह्ना माँ! यह तेरा घूँघट!

नमक-हराम दिल!
सड़कें मेरे जिस्म के संग-ए-मील गिनें
चराग़ थक जाएँगे
पगडंडियाँ दूर-दूर तक फैली हैं...
लोग कहने लगे ऐ ख़ुदा!
मैंने कहा मेरी सुनो!
मेरे लहू के छींटे जो पड़े पत्थर पे
नए इल्ज़ाम तराशे गए
मिट्टी से गिरते-गिरते, मैं ज़र्रा ज़र्रा बची...

---

1. निर्धारण, 2. एक पैग़म्बर, मार्गदर्शक; 3. नग्न

दौड़ता लहू लगाम हुआ
रौशनियों भरा पेड़ हूँ मैं
लेकिन न आँखें रहीं न ख़्वाब
आइनों पे जमी गर्द पर किसी ने अपना नाम लिखा...
ख़लाओं की बाँहें, एक आसमान दूसरी ज़मीन
दिल काग़ज़ की नाव होने को है

ऐ मेरे दुश्मन लम्हो, तुम कहाँ हो...
वक़्त तेरे बच्चों का पालना होगा!
जली रोटी पे पल जाएँगे साँस :
"ऐ मेरी बहन के लहू
तेरी ज़ंजीरों-भरी कड़ियाँ
ख़त के कोने पे, फ़क़त लिखती हैं..."
चुपके-चुपके पत्थरों पे चलने लगे साये
आस पनघट का फूल हुई :

दुश्मन के सीने में
मेरे तेवर गिन, मुझे क्यों गिनता है
साहिल पे खड़े
फ़क़ीरों की हथेलियाँ बंद कर सकते हैं
"लेकिन रूह के साथ जिस्म गाँठ दिए गए!"
उस वक़्त कहाँ थे चराग़
जब सुब्ह-ए-सादिक़[1] ने
सूरज के तलवे चाटे...
आया है जले कपड़ों का बदन लिये
हसरत[2] के बाद ज़माने ने
एक मुस्कराहट ख़रीदी है
मैं निचुड़े कपड़े पे थोड़ी-सी धूप रखती हूँ

---

1. वास्तविक सुबह अब अँधेरा छँट जाता है और उजाला फैलता है; 2. अरमान

और ऐसा चराग़ जलाऊँगी
जिसे किसी तह-ख़ाने ने ज़ंग-आलूद किया हो
वो जंगल नहीं भूली
जहाँ मेरी पैदाइश का हुक्म सुनाया गया

फूलों पे अभी-अभी आसमान रोया है
सहमे परिंदों को क्या शिकार करना...
"तुम अख़लाक़ी[1] बैसाखियों की रौंद में हो"
ढाल से तलवारें ज़ख़्मी हैं
फ़ैसले कभी फ़ासलों के सिपुर्द मत करना
और जहाँ चाँद की तमन्ना करना वहाँ चाँदनी की तमन्ना मत करना!

निशाने के वक़्त एक आँख से काम लेना अच्छा है...
तुम मेरे घर रहो कहीं तुम्हें ठंड न लग जाए
"गुलाब भी लाल, दिल भी लाल, पत्थर भी लाल,
और जब जिस्म क़त्ल हुए, वो भी लाल..."
क्या हैरत आँख का लश्कारा[2] है!
आज एक तेरा वार भी हो गया है
ख़ाक और ख़ून इकट्ठे पैदा हो रहे हैं
रूहें जिस्मों से आँखें माँग रही हैं...
"जानवरों के आज़ा[3] वाला कहाँ गया है!
चलो तेरे रंग की आग जला लेते हैं
फिर चौथे रंग से उसे बुझा देंगे..."
बर्फ़-माज़ी को शुआएँ मिल गईं
मेरी दो आँखों ने कभी अपने आपको नहीं देखा
क़ियामत का इंतिज़ार है, सूरज पे नज़र है
कंवल को दाद देनी चाहिए,
अपनी जाएपनाह[4] ख़ूबसूरती से सजाता है

---

1. नैतिक; 2. कौंध, चमक; 3. शरीर के अंग; 4. शरण स्थल

फूल के दो रंग हैं
एक ख़ुशबू एक रंग...
वक़्त के काने चुटकियों पे ज़िंदा थे :
सुर्ख़, सफ़ेद, काला—तीनों साये ख़ुद हैरान थे
कहीं हाथ गिरा, कहीं आँख गिरी :
इरादा सदा[1] का था बुढ़ापे के ताने सुनने पड़े
किस इंतिज़ार में समुंदर में कंकर मारते थे :
क़बा[2] के रंग उड़ाए उँगलियों के दाग़ सहे
वस्ल[3] में भी ढूँढ़ा है हिज्र[4]
कभी-कभी फुवार घर के अंदर तक पहुँचती...

चवन्नी गुमी तो बचपन याद आया
कितने पारसा[5] हुए जाते थे हम
कि आसमान को ग़ौर से देखते,
कहीं ख़ुदा हमारे खिलौने तो नहीं देख रहा
क़द दरवाज़े से ऊँचा नहीं, दिल कायनात से छोटा नहीं
धूप से कहीं फूलों के रंग उड़े
आदमी का रंग पत्थरों से भी बदल जाता है...
इन्सान किधर गया! जंगल की तरफ़! फ़िक्र की बात है
इन्सान किधर! ज़मीन के अंदर! अब फ़िक्र की बात नहीं...
न ख़त आया, न इंतिज़ार तार-तार हुआ :
किसी की चीज़ खोई! मैं ढूँढ़ने वालों में शामिल हूँ
फूलों का ज़िंदाँ[6] शाख़ें हैं
बस्ती-बस्ती उजड़ गई मैं, शहर की जानिब तो दिल था :
लहू ने कलाइयाँ कब थामीं?
कौन जाने क्या हो? साया हो या बुत...
मिट्टी बाँहें खोले तो धूल उड़े
मुजस्समे[7] की इबादत कोई क्या जाने

---

1. आवाज़; 2. लबादा; 3. मिलन; 4. जुदाई; 5. दोषरहित, आदर्शवादी; 6. बंदीगृह; 7. मूर्ति

चिंगारियों में जब आग लगी
हवाएँ हाथ तापती फिरीं...
बे-लौस[1] कभी भी नहीं थी मैं
मेरे सच्चे जज़्बों में भी तेरी मिलावट थी।
लहू में दौड़ीं आवाज़ें, ये किस ने फूल बिखेरे
फिर पत्ती-पत्ती फूल चुना!
एक वादा मेरी उम्र बहा ले गया
मुहब्बतों के खुले बादल जाने कहाँ बरसें
चादर को कायनात समझ बैठे हो
ज़रा-सी बात, ज़रा-सा आदम!

अंधे तक़दीर ढूँढ़ते फिरें...
वो इरादा जिसे कीड़े अपने दिल में रखते हैं
क़दमों से नहाई धरती मेरी ख़्वाहिश से भी छोटी है
और बुलंदियों पे अटल है
बेगानी पोरों की वो उजरत[2] है!

मुझे लपेट-लपेटकर रखते हैं ये कुत्ते कमीने मौसम!
तिनकों की लौ में कितने जज़्बे होंगे
जितने क़तरे लहू के पाक होंगे
उतने जीवन मैं ख़ुदा से माँगूँगी नहीं...
बे-ख़बरी समुंदर काले कर देगी
आग की ठंडक ज़र्द ही रहेगी!
पेड़ों की खोह में कितने रंग
उलझें जिस्म पे लिपटी हज़ारों आँखों से
सो के भुला दिया गया एक चराग़!
बअज़ रास्ते तुम्हें पसंद कर रहे थे,
अच्छा हुआ संग-ए-मील नज़र न आया

1. नि:स्वार्थ; 2. महनताना

बदनामियों के साथ मेरे हाथ जले हैं
लहू के फूल लिये आँखों की सुहागन ने
आँखों से तेरा झूला बनाया...
लौटाया तुझे तेरा बचपन
बख़्शी होंटों में दबी उँगली
और चराग़ के हवाले मैंने रात रखी...
अज़ाब[1] नहीं, जो कपड़े चुराए गए मेरे जिस्म से
घर का मुदावा[2] क्यों करूँ?
कोई भी समुंदर में रह सकता है
रुका इन्सान आँसुओं की माला देवी के गले में डालता :
काग़ज़ गलियों-गलियों गुज़ारा करते
आहें ख़ुदा की बातें थीं...

राज़ ठंडे सूरज की तरह होता है
शाम चार बजे आइनों पर चलने की दावत है :
सौ-साला बिके हुए दिल का तोहफ़ा ले-ले
और हैरानियाँ पैक कर दे...
बहते दरिया बहते साँप चाहते हैं
सात रंगों पे दौड़ती आँखें आवाज़ तय करती हैं!

चराग़ दिल नहीं और दिल चराग़ नहीं
सुराग़ लगाया तो मैं ही टेढ़ी थी।
नहीं-नहीं, कि हाँ में मुद्दतें गुज़रती हैं!
रात में ख़ंजर तोड़ा गया, रास्ते तो जोड़े भी न थे।
रिहाई, मिन्नतों के तौर, तू मेरी मौत है
बहरूपिया हमारे बाप के बाप की रूह से लिपटा रहा...
मैं नक़द हूँ, यहाँ बैसाखियों की हदें नहीं चलेंगी :
क़ब्र कत्बे[3] से दूर नहीं होती

---

1. यातना; 2. दवा-दारू, इलाज; 3. समाधि-लेख

ख़ता इन्सान को पा ही जाती है, कि जल्दबाज़ी इतने रस्से कसती है
जितने सच्चे लम्हे का इन्सान होता है।

फिर मिन्नत-मिन्नत ख़ाक उड़ाते हैं।
उधर भी दरिया, सामने नयनों-भरी ख़्वाहिश
बस्ती में कौन जाग रहा है, जिसका जीवन सोता जाए।
फूल हँसे, ख़्वाहिश बदले कौन जिया है?
रुका है सदियों बीता, गुलाबी आँख में आँसू!
पड़ाव में सौ झोंपड़ियाँ जलती हैं
तब घर कितना याद आता है...

दर्द बढ़ते जा रहे हैं दुश्मन कहीं दोस्त न हो जाए!
तुम तो पहली क़ब्र से चले थे, दिन निकला तो धूप से शिकवा!
चाँद अनगिनत आसमानों पर दाग़ा जाता है।
भरोसे के पीछे झुकी आँखें,
कहीं बे-घर ज़मीन सूरज से अपना हाल न कह दे!
ख़ुश तो इतने हैं
कि शब-ओ-रोज़ पिंजरे में बाँटे जाते हैं...
जैसे ही दरवाज़ा खुला
कमरे की उर्यानी[1] ने क़िस्से छेड़े...
दर सूरज से पर्दा उठाता है
वजूद वाला दहलीज़ तक सफ़र करता है
खुले समुंदरों में लोग कहीं
तख़्तों के मकीन[2] तो नहीं हो गए
दिल कोई दोपहर माँगने न पाए
कि पराई बेटियाँ दुआओं के घूँघट माँगने लगी हैं।
"इन आँखों से सदियाँ लूट लो :
इनके देस चुने गए हैं, ये वतनी कहाँ की हुईं..."

---

1. नंगापन; 2. निवासी

दिल से सूरज जलता है
होंटों पर चाँद के दाग़ पहुँचाए गए।
वहाँ भी लोग हिदायत के तलबगार नज़र आते हैं

मेरे ज़मीर में सात जहन्नम[1] जलते हैं
चराग़ तो भूला हुआ रास्ता है
बे-ख़बरी का ख़ंजर लिये वो पेड़ों से मेरा नाम पूछता है...
आग के पहले क़दम पर मेरा माज़ी है!
"चाँद पूरा आसमाँ नहीं घेरता।"
हवा का बदन लगातार आमादगी[2] है
यक़ीन के साकित[3] परचम पे ठहरो
और आबरू के हुजूम से बाहर निकलो...
रंगों को झिड़कने से लिबास फटने लगता है...
मिट्टी की हथेली पे कराहता समुंदर
ये सूरज तो हमारी आग का एहतिमाम[4] है
ज़र्द फूल और ज़र्द चेहरे जलाए जाएँ
तो आग ज़र्द ही रहेगी...
"और जहाँ आग लगाई जाए, वो मिट्टी काली हो जाती है।"
समुंदर करवट नहीं लेता
जहाँ तक हाथ न पहुँचे वहाँ लोग क़दमों के नीचे ईंटें रख लेते हैं
मिट्टी और दिल, फ़रेब नहीं देते
जिसे पागल न कह सकूँ उसे इन्सान कह दूँ।
आँखों में बँधा चाँद
एक चेहरा समुंदर में रखता है और एक दरिया में
चुपके-चुपके चाँद तकने वाले!
वक़्त तो ख़ुद एक तहवार है।
आस्तीनों में दिल नहीं अटकता
हवाओं ने जिस फूल को चूमा उसका अंजाम नहीं भूलतीं
तारीकी आँखें माँगती है, फिर मेरा नाम क्या है!

---

1. नर्क; 2. स्वीकृति, मुस्तैदी, तत्परता; 3. निश्चल, ठहरा हुआ 4. व्यवस्था

आदत हाथों के मिलाप पर खुलती है।
गोद तलातुम[1] से हरी होती है
हाथों के भँवर से इन्सान टला है।

चाँद अपनी सादा-लौही[2] से तुम्हें क़त्ल करेगा
बहरूपिए को कहीं ले जाओ
ख़ामोशी जब्र[3] हुई जाती है
इक़रार के हाथों बेक़रारी बाँटूं!
हम ख़ाक अच्छे हैं!
"चराग़ के इवज़ घर देंगे, घर के इवज़ चराग़ देंगे
तेरी मज़दूरी हम तुम्हें ज़रूर देंगे!"

मिट्टी का घूँघट चारों तरफ़ फैला समुंदर है
मन-मन आँखें रखते हो और ज़र्रा-भर पाँव...
देखो मेरी नगरी!
साँप के सर पर दिया जलाती हूँ
पहुँचूँ तो जंगल जागे, फुंकारे है
शाख़ पर आधा फूल जागा है, थोड़ा-सा दिल होगा :
सुबह के चराग़ की मानिंद, आ मैं तुझे भूल जाऊँ :
चाँद की चुग़ली तो चाँदनी खाती ही रहती है।
चाँद-गहन से माँएँ डरती हैं...
समुंदर को हाथ पर रख के देखें तो कोई रंग नहीं होता
मायूसी के ख़ाली प्याले कितने लबों तक!
संग-ए-मील का मुसाफ़िर किस तकल्लुफ़[4] पे क़ुर्बान है
"एक चाँद माँग कर मुफ़लिस हुई..."
इंतिज़ार से टूटा आदमी दीवार से दूर तक जा चुका है...
वक़्त शर्मिंदा होता है,
जिस वक़्त लोग जिस्म के तिलों पर ख़ुशियाँ रखते हैं।
मिट्टी से बे-तारीख़ ख़त उठाया

---

1. थपेड़े, 2. सादगी; 3. ज़ुल्म; 4. दरिद्र

ये भी कोई वक़्त था, जो बिन माँगी भीख की तरह मिलता है
"जब लोग मेरे हाथ में अपना हाथ भूल जाते हैं
मैं सोचती हूँ
ये फिर फूल मारने की तैयारी में हैं
हज़ारों लबों के इवज़ मुस्कराते हैं..."

आँख पुकारी, "बहुत ग़रीब हूँ मैं
सोच पे चहलक़दमी न करो तो अच्छा है
यहाँ नमस्ते, मुसलमान है!"
किरनों पर चलती-चलती अगर सूरज तक गई
तो धूप से नहा लूँगी
मिट्टी आज छींक रही है
रफ़ू है ज़बाँ हमारी
झूठ में धुत बटन तुम्हारे सीने से खेल रहे हैं
दहलीज़ों पे जमी दस्तकें किसे बुलाती हैं!
हम एक प्यार के आदी मुजरिम हैं...

परिंदे अपने दुख अपनी आँखों से देखते
समुंदर की हद में काँटा डाल दिया जाता...
वो काले दरवाज़े पे चाक दाग़ जाता
माली ख़ुदा से क़रीब-तर हो जाता!
अंदेशों के पाइँचे, पैरों को खरी-खरी सुनाते
कल पे घड़ियाँ लिबास तब्दील कर देंगी...
दिन को जोड़ते हुए मेरी उँगली फँस जाती
सफ़र के नुक्कड़ पर
बद-कलाम[1] टहल रहे हैं
लकड़ी से बँधा कपड़ा सारे मकान से सवाल करता
ज़िंदा गाली बनकर ज़िंदगी पे क़दम रखना...
तुम्हारे पास तो तुम्हारे दो हाथ बैठे हैं!

---

1. गालियाँ देने वाले

प्यास दीवारों से ऊँची न होने पाए।
वर्ना बचपन के मोज़ों का रंग मेरी माँ को भी याद नहीं।
आ-जाके कुएँ सामने रख देते हो
मेरे पास कोई रस्सी तो नहीं
तलाश सय्याहों की आँखों में झाँकती है।

आधा कमरा

उसने इतनी किताबें चाट डालीं
कि उसकी औरत के पैर काग़ज़ की तरह हो गए
वो रोज़ काग़ज़ पे अपना चेहरा लिखता और गंदा होता
उसकी औरत जो ख़ामोशी काढ़े बैठी थी
काग़ज़ों के भौंकने पर सार्त्र के पास गई
तुम रांबो और फ्रायड से भी मिल आए हो क्या?
सैफ़ो, मेरी सैफ़ो! मीराबाई की तरह मत बोलो
मैं समझ गई, अब उसकी आँखें
कीट्स की आँखें हुई जाती हैं
मैं जो सोहनी का घड़ा उठाए हुए थी
अपना नाम लैला बता चुकी थी
मैंने कहा
लैला, मजमे की बातें मेरे सामने मत दुहराया करो
तन्हाई भी कोई चीज़ होती है!
शेक्सपियर के ड्रामों से चुन-चुन कर उसने ठुमके लगाए
मुझे तन्हा देखकर
सार्त्र फ्रायड के कमरे में चला गया
वो अपनी थ्योरी से गिर-गिर पड़ता
मैं समझ गई उसकी किताब कितनी है
लेकिन बहरहाल, सार्त्र था
और कल को मजमे में भी मिलना था.
मैंने भीड़ की तरफ़ इशारा किया तो बोला :

इतने सारे सार्त्रों से मिलकर तुम्हें क्या करना है?
अगर ज़्यादा ज़िद करती हो तो अपने वारिस शाह,
हीर सियाल के कमरों में चले चलते हैं
सार्त्र से इस्तिआरा[1] मिलते ही
मैंने एक तनक़ीदी निशस्त[2] रखी
मैंने आधा कमरा भी बड़ी मुश्किल से हासिल किया था
सो पहले आधे फ्रायड को बुलाया
फिर आधे रांबो को बुलाया
आधी-आधी बात पूछनी शुरू की
जॉन डन क्या कर रहा है
सैकिण्ड हैंड शायरों से निजात चाहता है
चोरों से सख़्त नालाँ[3] है
दांते इस वक़्त कहाँ है
वो जहन्नम से भी फ़रार हो चुका है
उसको शुबहा था
वो ख़्वाजासराओं से
ज़्यादा देर मुक़ाबला नहीं कर सकता
अपने पस-मंज़र[4] में
एक कुत्ता मुसलसल भौंकने के लिए छोड़ गया है
उस कुत्ते की ख़सलत क्या है?
बियात्रिचे[5] की याद में भौंक रहा है।
तुम्हारा तसव्वुर[6] क्या कहता है?
सार्त्रों के तसव्वुर के लिहाज़ से
अब उसका रुख़ गेयटे के घर की तरफ़ हो गया है।

बाक़ी आधे कमरे में क्या हो रहा है?
लड़कियाँ
क्या हर्फ़ चुन रही हैं

---

1. रूपक; 2. आलोचना-गोष्ठी; 3. रोता हुआ, विमुख; 4. पृष्ठभूमि; 5. Beatrice; 6.कल्पना

इस्तिआरे के लिहाज़ से
हराम के बच्चे गिन रही हैं
लड़कियों के नाम क़ाफ़िए की वजह से
सार्त्र ज़्यादा नहीं रख पा रहा है
इसलिए उनकी ग़ज़ल छोटी पड़ रही है
ज़मीन के लिहाज़ से नक़्क़ाद[1]
अपने कमरों से उखड़ने के लिए तैयार नहीं
लेकिन उन्होंने वादा किया है
सारे थिंकर इकट्ठे होंगे
और बताएँगे कि सोसाइटी क्या है
और क्यों है...
वैसे हवाओं का काम है चलते-फिरते रहना
दूर-अंदेश की आँख कैसी है
सिगरेट के कश से बड़ी है
वो घड़े से पत्थर निकालकर गिन रहे थे
और कह रहे थे मैं इस घड़े का बानी[2] हूँ
चाय के साथ ग़ीबत[3] के केक
ज़रूरी होते हैं
और चुग़लखोरी की किताब का दीबाःचा[4]
हर शख़्स लिखता है
ज़बानों में बुझे तीरों से मक़्तूल[5] ज़िंदा हो रहे हैं
बड़ा इबलाग़[6] है
सोसाइटी के चेहरे पे वो ज़बाँ चलती है
कि एक-एक बंदे के पास
किताबों की रियासत बंदे से ज़्यादा है।

रियासत में
महारानियों के क़िस्से घड़ने पर

---

1. आलोचक; 2. अन्वेषक; 3. चुग़ली; 4. प्राक्कथन; 5. क़त्ल होने वाले; 6. संप्रेषण, अतिशयोक्ति

इल्म की बड़ी टिप मिलती है
बिल के सादा काग़ज़ पर
इल्म लिख दिया जाता है
ताज़ा दरयाफ़्त पर
हर फ़र्द की मुट्ठी गर्म होती है

पहले यह बताओ, झुनझुने की तारीख़-ए-पैदाइश क्या है?
मैं कोई नक़्क़ाद हूँ जो तारीख़ दुहराता फिरूँ
किसी का कलाम पढ़ लो
तारीख़ मालूम हो जाएगी
तुम्हारी आँखों में आँसू
मेरी किताब का दीबाचा लिखना है
यह किसकी पट्टी है
नक़्क़ाद भाई की
यह किसकी आँख है
मुझे तो सैफ़ो भाभी की मालूम हो रही है
और यह हाथ!
ग़ालिब का लगता है!
बकते हो!
ज़र की अमान[1] पाऊँ तो बताऊँ
जितने नाम याद थे बता दिए
लेकिन तुम्हारा तसव्वुर क्या कहता?
मैं दुम हिलाने के सिवा क्या कर सकता हूँ!

---

1. धन-दौलत की शरण

रस्सियाँ

वो तन्हाई से बहुत ख़ौफ़ज़दा थी!
और घर के कोनोंखुदरों में उसके जज़्बे पड़े थे
वो अपने आपसे बिछड़ी-बिछड़ी, बान की चारपाई पर कसी पड़ी थी
उसके कपड़ों पर रस्सियों के लम्स[1] पैवस्त हो रहे थे
और वो रस्सियों को करवट दे रही थी
वो अपने क़दमों की पायँती से उलझ रही थी
बान की आवाज़ उसके कोरे बदन में शामिल हो के उसे गिनने लगी
वो अपनी आँखों और हाथों की तन्हाई को बड़ी तन्हाई से देखने लगी
इन्सानों की हुजूमदार आँखों ने उसे कंचों की दुकान समझ रखा था
और वो रस्सियों को करवट दे रही थी
अब वो दीवार के कोने से निकलना चाहती थी,
उसने एक जूतियों-भरी करवट ली
नींद के फंदों से आज़ाद करवट
वो अपनी क़ैद-भरी जूती को देखने लगी
जो किसी भी दुकान से महँगी थी। रोज़ इस महँगी रात में आग
उसको सस्ती पड़ रही थी और महँगी तन्हाई को वो
सस्ता नहीं कर पा रही थी।
कि जज़्बे घर के कोनों-खुदरों से उसे झाँक रहे थे
टाट के पर्दे को कभी-कभी हवा झाँककर चली जाती तो
उसका आसमान
रस्सियों पर आन गिरता

---

1. स्पर्श

रात की लम्बी चादर सुबह होते ही कफ़न जितनी लम्बी हो जाएगी,
वो कहती रही मगर जाने किस से, और क्या—
उसने बान की चारपाई से एक लम्बी रस्सी निकाली तो रस्सी
इतनी लम्बी
निकली कि चारपाई में सिर्फ़ अदवायन रह गई
अब अदवायन, रस्सी और वो अपनी-अपनी तन्हाइयों में चुप थीं
कि तन्हाई को वो और तन्हाई उसे गुनगुनाने लगी तो उसने अपने
तन्हा हाथों से कहा :
स्याह वक़्त के बाद चराग़ को फूँकना लाज़िमी होता है!
कि धूप के गीतों को वो अपने कपड़ों की रस्सियों से कस दे
ता आं कि[1] धूप की आवाज़ को तन्हा कर सके

रात के ज़िंदा पर अभी फड़फड़ा ही रहे थे कि
वो पायँती पर रस्सी की तरह लेट गई
दोनों रस्सियाँ जब एक हुईं, चराग़ की ज़बान को दुहरा कर गईं
रस्सियाँ चराग़ से ज़्यादा सच्ची निकलीं कि अपना तन्हा बदन
नहीं भूली थीं

दोनों रस्सियाँ अपनी-अपनी तन्हाई से उट्ठीं
और तन्हाई को बड़ी तन्हाई से देखने लगीं।

---

1. जब तक कि

नींद जूठा पानी हुई

हम धूप की तमन्ना में ठिठुरे हुए थे
कि सूरज के नेज़ों[1] पे
हमारी सुबह होती है
हम किस दुख से
अपने मकान फ़रोख़्त करते हैं
और भूख के लिए च्यूँटी-भर आटा ख़रीदते हैं
हमें बंद कमरों में
क्यों पिरो दिया गया है
एक दिन की उम्र वाले
तो अभी दरवाज़ा ताक रहे हैं
हम आईनों में दफ़्न हो चुके हैं
हमारी आवाज़ें ज़ख़्मी कर दी गई हैं
हमें झूठी चाल के लिए
झूठी ज़मीन पे चलने की दावत है
हमारे लिबास दफ़्न करके
हमें शर्म के हवाले कर दिया गया है
हम अपने बदन के गुनाह
अपनी ही आँखों से चुन रहे हैं
जैसे साकित स्टेशन पर
साकित गाड़ी खड़ी हो
और हमारे सफ़र ख़त्म हो चुके हों
दिल जिस्म के सारे आज़ा चाहता है

---

1. भाले

आँखों पे कुएँ जारी करने का हुक्म
सादिर हो चुका है
मैं अपनी क़ब्र को
साँस लेते हुए देख रही हूँ
दरिया समन्दर से आँख-मिचौली खेलते हुए
अपने हाथ कटवा लेता है
और खुदी ज़मीन सूखी हो जाने के ग़म में
खेतों का मिज़ाज बरहम[1] कर देती है
हाथ तापने की क़सम खाई थी
और आग में पिरो दिए गए
और गलियाँ जब क़सम खाती हैं
उन्हें चौराहों में पिरो दिया जाता है
पलड़ों पे रखे हुए पत्थर भी तुलते हैं
और दूसरे पलड़े पर
फूल तोले जा रहे हैं
नौकरी करने के शौक़ में
ज़िंदगी की तनख़्वाह चाहते हैं
हम कैसे रहन रखे गए ज़मीनों पर
कि तुम हमें
साँस के लौट आने की मोहलत तक न दो
और पूछो तुम्हारे कपड़े ज़िंदा हैं
और गाड़ के सफ़ेद परचम ज़मीनों पर
किसी भी वतन की निशानदही न करो

वो आँसू जो मेरे मरने के बाद
मेरे दामन को तर करें
उन्हें उन्हीं आँखों में रहने देना
ये आँखें हैं कि ज़ख़्म
रात परिंदा हुई

---

1. क्रुद्ध, बिखरा हुआ

नींद झूठा पानी हुई
कुँवारे समुंदर का जोड़ न कोई
चराग़ तले रात है या हाथ किसी का
बाँसुरी में अटकी आवाज़
सन्नाटों की चहलक़दमी
रेत पर चलती हवाएँ
साँपों की शबीहें[1] बनाएँ
और पेड़ों ने अपनी छाँव
सूरज के हवाले से नापी
हमने अपनी छाँव अपने दिल से नापी
चाँद आसमान पे आँखें मूँदे
नाबीना[2] की झोली देखता है
एक दिन एक बात कही थी मैंने
आँसू हो तो आँखों जैसा
इस चलते फिरते सूरज ने भी
लो हमारी उम्र पे आँख मारी
बंद हाथों का गहना, मुट्ठी
तंग-गलियों में दौड़ते क़दम
अपने एक पाँव के साथ
गंदी नाली बाँध लेते हैं
और बाग़बान कुल्हाड़ा लिए
सुबह-ए-सादिक़ से गुलशन में ख़ाक खोदता है

जिस तरह समुंदर में दरिया ढूँढ़ना मुश्किल है
उसी तरह हम शाख़ पर खिले
फूल की पूरी पैदाइश से ग़ाफ़िल[3] हैं
रोटी पर ख़त्म हो जाने वाली ज़िंदगी
तितलियों को फूल से
बाँध आने की सी आदत है

---

1. चित्र; 2. अंधा; 3. अनभिज्ञ

रफ़्ता-रफ़्ता दहलीज़ें
मेरे पाँव छोटे करती जा रही हैं
रफ़्ता-रफ़्ता आँखें
अपने ही दिल में गड़ी जा रही हैं
जुनूँ के बादबानों में
चंद शाख़ें काटकर बहा दी गई हैं
जिनकी बहारें मुर्दा ज़मीन पर
बेबस हो चुकी हैं

मेरे चलने पे
ज़मीन ने सदा लगाना छोड़ दी है
मेरे पाँव काट के
घुटने लगा दिए गए हैं
मैं ख़ला[1] में गुम हो जाने वाला
शोला नहीं बनना चाहती
मेरी मिट्टी में
मेरी रूह को तश्ना[2] किया जा रहा है
आईने पानियों के साथ थम गए
आदमी अपना चेहरा देखने से मुहताज हो गया
इसलिए दूसरे चेहरे पर
अपने ज़ाविए[3] बनाता चला जा रहा है
क़ब्रों पर फैली छाँव
पेड़ों को उदास किए हुए है
कि वतन तो मेरा महकार बाँटना था
लफ़्ज़ जैसे किसी ने ज़बान से नोचकर
किसी सूखे कुएँ में बंद कर दिए हों
हवाएँ सिर्फ़ चीज़ों की आवाज़ें हैं
अब मुंतज़िर[4] को
मेरे पहुँचने तक का हौसला रखना चाहिए

---

1. शून्य; 2. प्यासा; 3. कोण; 4. प्रतीक्षा करने वाला

इन्सानी गारे

मुस्कराहट कितने चेहरे रखती है
लगनों में तो ख़ाली मिट्टी है
मेरे नमक का अंदाज़ा कैसे होगा
देखने से कच्ची पक्की हो जाती हूँ
घर नापती हूँ तो ईंट हाथ आती है
यह कुत्ता तन्हाई कुतिया की ज़बान रखती है
इन ढेरों को नाख़ून से निकाल फेंकती
आख़िर फ़ैशन भी कोई चीज़ है

इन्सानी गारे को तर्तीब देते-देते
हरामज़ादी हो गई हूँ
लफ़्ज़मारी को कहीं न कहीं तो पहुँचना ही होता है
क्या दुपट्टे के पाताल में मैं मौजूद नहीं
मैं तो जन्म के दिन भी नंगी थी
ज़िंदगी बार-बार बच्चे नहीं जनती
जो सुलूक के पत्थर चबाती रहती
बस जिस करवट जितनी चादर आ गई

नींद के ये दो मोती
काले भी तो पड़ सकते हैं
फिर शाम डूबे सूरज से क्या कहना
क्या क़ैदख़ानों में
सूरज की तलाशी ख़त्म हो जाती है

ये दिन में घूमने वाले
मेरी रात कैसे बन बैठे
बिखरी हुई आँखों वाले
लेकिन उनकी आँखों के गोदाम में
मेरे जैसे बेशुमार गंदुम हैं
भूख की नीयत ज़ख़ीरा करने से तो रहे
आग के हाथ पर
कोई न कोई चीज़ तो ज़रूर होती है
तो फिर सवाब[1] तौबा के हवाले कर दूँ
मेरे इश्क़ मेरे बुत
सिर्फ़ दुआओं के लिए तो न थे
मैंने कुछ और माँगा और फिर कुछ और

आँख होकर रह गई हूँ
इन्सानों की नज़र ऐसे ही लगती है
अपनी आँख के पास रहने से
क्या औरत आवारा होती है
क्या मंदिरों की आवाज़ों पर जागा नहीं करते
क्या मस्जिद की ईंट चुराई नहीं जा सकती
इतनी तो दियानती[2] है मुझ में
कोई नज़र आए तो सजदा करती हूँ
भला आँचल का सज्दे से क्या तअल्लुक़
कहते हैं आँखों के शोर में क्या लिखती है
लिख क्या रही हूँ, मैं तो चल रही हूँ
ये गँदले लोग कँवल रखना नहीं जानते
बस मूरत-सी हँसी में दफ़्न हैं
पानियों के मुक़द्दर में भँवर होता है
औरत के मुक़द्दर में एक के बाद दूसरी चादर

---

1. पुण्य; 2. ईमानदारी

ज़मीन का साहिल नहीं होता
मैं तो चलते-चलते मिट्टी को हामिला[1] कर दूँगी
फिर भी कोरी रह जाऊँगी
काश मुझे कोई लिखता
ये ठाटें मारते बंदे
समुंदर से ज़्यादा हो सकते थे
लहू की सात पुश्तें तो कोई चेहरा नहीं रखतीं
मैंने ख़ामोश चाँद कभी नहीं देखा
न इन्सान के साहिल पर, न ज़मीन के साहिल पर
किसी रोज़ इस जिस्म की
बारगाह[2] से निकल जाऊँगी
कौन माँगे तौबा से इन्साफ़
हम सब रहम के सैलाब में मारे गए
और जिस्म की सलीब पर चढ़ाए गए
दो आँखें दो क़दम एक ज़बान कैसे रखते
समझते हैं बहा देंगे मुझे ये
कंकरों में जैसे मैंने उन्हें सहा न हो

ये सारा का क़ैदख़ाना है
तुम्हारे ख़ुदा की दुआ नहीं
जिसे अर्श[3] से गिरने का डर हो
यहाँ सर झुकाने वाले से
दार[4] को महफ़ूज़ रखा जाता है
यहाँ मेरी आँखें बच्चे नहीं जनतीं
न हँसी से गिरो न आँख से हटो
न क़दम से हटो
अपने-अपने अज़ाब मुझे सुना दो
मैं आँखों को लाठियों से नहीं हाँकती

---

1. गर्भवती; 2. चौखट, आस्ताना; 3. सातवाँ असमान, ख़ुदा का तख़्त; 4. फाँसी का तख़्ता

मेरी क़ैद चाँद-सूरज फेंक चुकी है
और तुम्हारी आज़ादी ज़ंजीरों की सदा[1] है
ग़ाफ़िल आज़ाद है और सहल[2]
पत्थरों में डूब गए
मैं बँटी हुई रस्सी नहीं
बेलौस[3] झाड़ी सही
तमाशे मेरी आँखों के मैदानों में हुए
धूल और फिर कशकोल[4] में
माँगी जाने वाली दुआएँ
घर से डरी हुई औरत
कहीं न कहीं तो चलती है
ख़्वाह पेड़ काटे या उम्र

ये कौन लोग हैं जो आग को
मिट्टी से छोटा समझ रहे हैं
सिक्कों की आवाज़ें मैंने क्यों गिनी थीं
मौत का एतबार नहीं, आवाज़ मुझे देते हो
आँखों की पैमाइश संग-ए-मील से करते हो
अपने सोग में ज़बान खोल रही हूँ
मेरी मुँडेर से रात और सूरज
इकट्ठे उड़ गए हैं
अपने हाथ में चुन दी गई हूँ
हाथ मिलाते ही गिर जाती हूँ
क़दम को मिट्टी की फाँसी दूँ
आँख ख़ामोश हो नहीं सकती
जिस्म की तनख़्वाह मिलती नहीं
भूख की लौंडी को आज़ाद कर नहीं सकती
दिल की ज़बान थूक नहीं सकती

---

1. आवाज़; 2. आसान, सीधा; 3. निस्वार्थ, हानिरहित; 4. भीख का पात्र

हाथ अकेले पिकनिक मनाते नहीं
हँसी-मज़ाक़ छोड़ती नहीं

मुरव्वत[1] हाथों में चुटकी बजाती रहती है
सब्र आग धोता नहीं
इन्सान तो कुएँ से लौट आने वाली आवाज़ है
फिर तो धज्जियों में तुरोपे लगाए नहीं जा सकते
मैं कोई समुंदर की सौतेली बहन थी
जो मेरे लिए लिबास रखा गया
और मेरी चाल में गाली रक्खी गई
दुख की डोली उठाने वाले
क्या घूँघट में क़ैद हो गए
शाम से वक़्फ़े[2] में हाथ जोड़े
फिर रात-दिन के हाथों मारा गया
और डूबता सूरज सुबह होते ही
मेरे...से उड़ गया
मैं दिन-भर रोती और रात-भर हँसती

मेरी आग की कई ज़बानें थीं
अनाज की मैं पहली क़िस्म थी
सो इन्सान की क़सम खा सकती थी
मैंने हाथ से वादे फेंक दिए
और आँख जंगल में चुराई
मेरी आग कूड़े-करकट से दुखने लगी है
तुम्हारे पास दरिया हो तो प्यास का वादा मैं करती हूँ
रात एक दुआ
कशकोल में गिरी तो रेज़गारी बिखर गई
मौत को मेरा ज़ायका पड़ जाता
तो कपड़े कभी न धोती

---

1. लिहाज़, इंसानियत; 2. अंतराल

लेकिन मुझे गिन लो तो अच्छा है
ताकि तुम्हारा कशकोल पूरा हो जाए
अब तो आँख बुरी लगती है
मैंने उसे गोद लिया था
ये मेरी रानों तक फिसल गई
आँख-ख़ोरी के कितने कंचे खेलूँ
क़ैद में सिर्फ़ सलाख़ों की हँसी गूँजती है

काँटे पे कोई मौसम नहीं आता

सात सितारे मैं गिन चुकी थी
और आठवीं रात का चाँद मर गया था
फ़क़ीर के सिक्के ज़मीन पर गिरते ही
मैं कशकोल जितनी बड़ी हो गई
अठन्नी मैं चुरा रही थी
कि अठन्नी मुझे चुरा रही थी
अब हमारी गुल्लक इतनी भर चुकी थी
कि उसमें झनकार पैदा नहीं होती थी
मेरा बाप अक्सर औरत चुराता
और अपने बच्चे हार जाता
माँ के जीने के लिए
बच्चे काफ़ी नहीं होते
मैंने फूल ख़रीदने वाला देख लिया
माँ ने घूँघट निकाला
तो मैंने चौदह फूल गिने
और बाप से मिलते-जुलते
आदमी के पहलू में जा सोई
मेरी ज़ुल्फ़ें रात जितनी दराज़[1] हो गईं
मेरे क़दमों से आवाज़ आई
मेरे हाथों में इकन्नी की तरह रहो

---

1. लंबी

मेरे हाथों से बच्चे जाते रहे
मैं बिस्तर पर गड़ी रही
वो मुझसे खेलता रहा
मैंने ख़ाली आँखों से आसमान देखा
और सारी ख़ुदाई समझ गई
मेरा शौहर अब मेरा आख़िरी बच्चा था

बे-ईंटों की दीवार से मेरे भाई ने झाँका था
और उसकी साँसों में चाँद फँस गया था
लेकिन!
मेरी सात-साला उम्र के पास कोई हैरत न थी
मेरी दुआएँ मुझसे इलावा थीं
मैं ख़ुदा से जिस्म के इलावा कुछ माँग रही थी
हालाँकि मेरा साया
हमेशा मिट्टी से सैराब रहता था
मैंने इन्सान और मिट्टी को
हमेशा मुख़्तलिफ़ रंगों में देखा
मेरी आँखें कभी फ़रार नहीं हुईं

आँखें न बहन रखती हैं और न बेटा
पहाड़ भी मिट्टी है!
लेकिन हमारी मौज साहिलों से भी टकराती है
मैं पहुँचती थी ज़िंदगी की मौज तक
रात की आख़िरी चीख़ मिट्टी में रहने लगी
तो मजाज़ी[1] मेरे घर के चराग़ की तरफ़ बढ़ा
मेरा चराग़ दीवार-शिकन[2] है
आँख-फ़रोशी करनी है तो अपनी बेटी के साथ
मगर एक पेड़ का साया भी तो एक ही होता है

---

1. आभासी, किसी एक की जगह दूसरे को कल्पित करना। उर्दू में 'मजाज़ी ख़ुदा' पति को कहते हैं। अर्थात जिसका स्थान धरती पर ख़ुदा के समान है; 2. दीवार तोड़ने वाला

मुहब्बत है तो मेरी माँ की आँखें
मुझ से अलग क्यों हों

मिट्टी की सदा अगर मौसम है
तो मैं क्यों न बाप के कपड़े उतार दूँ
टूटे चाँद की चाँदनी नहीं होती
इसी तरह हम आधे लिबास में जीते हैं
दिन में गुम हो जाने वाले चाँद के दिन
मेरे बच्चे मुझ से छीन लिये गए
तो मैं बग़ैर आसमान के ज़मीन पर बैठी थी
आसमान सितारों से रोता
मजाज़ी ने क़ुरआन उठाया
चंद दिन बच्चा मेरा!
मैंने यह देखने के लिए कि क़ुरआन क्या है!!
एतबार किया!
मैं बच्चे के आँसुओं की तरह हो गई
और अभी तक आँखों की तरह हूँ
और अभी तक मुसलमान हूँ!

ज़िंदगी की छाँव में कोई सूरज नहीं है
दरिया समुंदर बन जाता है, मेरा नहीं बनता
नींद आँखों से भर गई है
मेरी माँ मेरे जन्मदिन पर आँखें जलाती है
मैं हाथों से गिरी हुई दुआ हूँ
मेरे चराग़ से लोग ईंट माँगते हैं
मेरी आँखों में
हाथों का दुख जमकर रह गया है
खोटी ज़मीन नज़र आती है
लेकिन मैं छाँव नहीं बो सकती
मैं आख़िरी हद तक

इन्सान की गवाही देती हूँ
मजाज़ी औलाद देखता!
और मैं औलाद के इलावा भी
इन्सानों में फँसी हुई हूँ
फिर हर अपाहिज बच्चा मेरा ही बच्चा तो है
फिर मैं ज़हनी अपाहिज बच्चों से मुहब्बत न करूँ
मुझे आँखों में सजने की ज़रूरत नहीं

ये परिंदों को रटने वाले लोग
मेरे एक लम्हे की ख़ैरात हैं
ये इतने छोटे लोग हैं
कि अपनी बीवियों की...में मर जाते हैं
समुंदर होने के लिए जिस्म के दरिया से गुज़रना पड़ता है
मैं सिमटी हुई उँगलियों का इन्सान नहीं चाहती
दीवार पर धूप जम जाए
तो कपड़े सुखाने ही पड़ते हैं
मैंने माँ को आख़िरी निगाह से देखा
बिन मौसम की शाख़ जलाई
और मिट्टी का क़द नापा
मैं एक मुकम्मल इन्सान नहीं थी
इन्सान की आँखें हमेशा कुँवारी रहती हैं
सो मैं अपनी रातों का शुमार नहीं कर सकती
राख कितने मौसम रखती है—
पचास रंगों के लिबासों पे टाँके लगाती
शाम पर सूरज का पहरा अच्छा न लगा
मैंने रात की चादर में सूरज की दुआ माँगी

मुहब्बतों के दरवाज़े पर आहट रहती है
जिस दिन मेरे हाथ तीन हुए थे
मेरे आँचल पर सुकूँ का पहरा था

मुझे हामिला आँचल की क़सम
मैं ईंटों का मकान हो गई थी
फिर भी मैदान एक कुटिया की ख़्वाहिश रखता
मैं एक क़दम की क़सम
खा सकती थी किसी तीसरे क़दम के लिए
ज़मीन इनकार की सूरत हाथ आई
हम लिबास का रंग जानते थे
जिस्म का रंग भूल चुके थे
शामों में दोपहर नज़र आई
जैसे एक कमरे में हमने चराग़ बाँट रखा हो
उसकी आँखों का रंग फीका पड़ता
तो मैं समुंदर-से सूरज निकाल फेंकती
उसकी शर्मिंदगी मुझे निगल रही थी
हया में, मैं फँस गई थी
हम दोनों में कभी इन्सानी मुकालमा[1] नहीं हुआ
वो फुटपाथ से डरा हुआ था
हम चराग़ की हुदूद[2] तक साथ-साथ थे

सीढ़ियों में ही मैं अपने क़दम भूल आई
सरगोशियों का मैं लिबास पहने हुए थी
कि बग़ैर क़ब्र के कत्बे को मैंने पढ़ा!
मिट्टी माँ कहती थी
बग़ैर कफ़न के मैं माँ नहीं बनती
तो फिर मैं बे-कफ़न बच्चे की माँ बन गई
देखना, मेरा मज़हब हो गया
घर किसी छाँव में नहीं होता
और लहू की सदा नहीं होती
गलियाँ बे-क़दम हो जाती हैं
वो लफ़्ज़-फ़रोश सा शख़्स

---

1. संवाद; 2. हदों, सीमाओं का बहुवचन

मेरे क़दमों को जगा गया
जुड़वाँ आँखों ने कब जन्म लिया

हमारा दर्द कौन-सा इकट्ठा था
हम हाथों में ज़रूरत रखते
हम नंगों के पास एक ही चादर थी
सो माँ ने पैदा होने वाले
बच्चे का नाम राज़ रखा
समुंदर की बेदारी मिट्टी की ख़ामोशी ने भाँप ली
हर शख़्स अपने लिए एक कमरा रख छोड़ता है
अपने तीसरे क़दम की ख़्वाहिश
इन्सान अपनी तन्हाइयों में भी नहीं दुहराता
हालाँकि इन्सान रहता ही तीसरे क़दम में है...

मुझे शौहर की मुफ़लिस निगाहों से
एक लिबास की उम्मीद रहती
क्योंकि!
मुझे ख़बर थी मैं एक नंगी बीवी हूँ...
नंगी न होती तो बे-कफ़न बच्चे की माँ कैसे होती
ज़मीन से हटूँ तो तुम्हारी तरफ़ आऊँ
आलिम इतना कि किताबों में दफ़्न था
उससे बात करने के लिए
मुझे इसे क़ब्र से निकालना पड़ता

चवन्नी, अठन्नी मेरे इनकार-ओ-इक़रार थे
हम दोनों लेटे थे
कि एहसास हुआ हमारे नीचे बिछी चादर मर गई है...
पेड़ का साया मुझसे हमकलाम[1] हुआ
तेरा मर्द छाँव से छोटा है

---

1. बात करना

सात पाई को टॉस करते हुए, बोलती कम हो!
हाँ खोटा सिक्का चल गया है
मैंने आँचल हवा के हाथ से छुड़ाया
कमरा अकेला है और इन्सान का दर्द शदीद है

मैंने मुर्दा बच्चे से पहली बात की!
तेरे बाप ने आज तक ऐसा शे'र नहीं कहा
जिसे तेरा कफ़न कहती
पैदाइश और मौत के एक घंटे बाद
मेरे पास पाँच रुपये और मुर्दा बच्चा था
लाशा सिक्कों के इवज़ रखा
जन्म के सिक्के तो मिल गए मौत का सिक्का न मिला
सवाब[1] कमाओ!
और इस बच्चे की क़ब्र कहीं भी बना दो
इसकी असल क़ब्र तो मेरे मन में है
मैं क़दम क़दम घर पहुँची!

कफ़न आँखों के थान बढ़ा गया
जिस फ़र्द को देखती क़ब्र की बू आती...
अफ़सोस! मर्द न जान सका उसके नुत्फ़े[2] की क़ब्र
कौन-सी है

मैं गुनाह और सवाब में रंगी बातें करती
और एक-एक मर्द से पूछती, कफ़न कैसा होता है!!
तो मेरे पिस्तानों से मुर्दा दूध बहने लगता
क्या...की माँ भी कफ़न ढूँढ़ रही है
मुर्दा आँखों की गवाही पर मैं अपने आपको रखती
फिर मर्द भौंका, तुमने "मैं नंगी चुंगी" लिखी है
फिर अपनी रात में हमारी चादर क्यों नहीं बिछाती

---

1. पुण्य; 2. शुक्राणु

और लोग अपाहिज लफ़्ज़ से तकिया करते
मेरे मासूम ने
शर्म के इलावा औरत नहीं देखी थी
हर नौजवान और बूढ़ा पत्ता
मेरे लिए ख़ास मौसम रखता
मैं मिट्टी सारे मौसम जान चुकी थी
तलाश सिर्फ़ कफ़न की थी!

जंगल चराग़ों से नहीं बसता
और न रात से कोई मरता है
हँसी में इन्सान दफ़्न होने लगे
तो चाँद आसमान-सा बैन रखता है
मैं ठहरी मिट्टी का कफ़न!
माँ ज़मीन से दूर निकल आई
आवाज़ में इन्सान गूँज गया
सो मैं जंगल न जा सकी
समुंदर के क़दम मेरे क़दमों से आन मिले
और चाँद में आँखें सुखाती रही
मैं ख़्वाब से कपड़े पहनती
और जागते में लुट जाती
मेरे गूँगे बदन ने इशारों का लिबास पहन लिया
वक़्त के लिए मैं अपने दोस्तों की दाई थी
ये मुझ से...के लिए मुझी से अठन्नी तलब करते
कौन-सी लड़कियाँ जाग गई हैं
जो जन्मदिन के बाद कुंवारी हो जाती हैं
उनकी कोख से क़ैद जन्म लेती है
और दार से घूँघट निकालती हैं

पी गया दूध साँप
आँखों की मेहँदी रचाओ

नहीं तो तुम्हारे बच्चे बे-कफ़न रह जाएँगे
मैंने लिबास फ़रोख़्त कर दिया है
कल तुम्हारे पास दुपट्टे न हों
तो समझ लेना मेरे पास पूरा लिबास न था
बदन की गवाही पर मत रहना!
आँखों में बस रहना!
क़ब्र बन जाना!
कि आज़ादी की ख़ाक होना बेहतर...
यूँ हमने एक ग़ैरतमंद...तराशा!
सच पूछो तो फूल कितनी अज़ीयत में है
काँटे पर कोई मौसम नहीं आता।

साये की ख़ामोशी

साये की ख़ामोशी सिर्फ़ ज़मीन सहती है
खोखला पेड़ नहीं या खोखली हँसी नहीं
और फिर अंजान अपनी अंजानी हँसी में हँसा
क़हक़हे का पत्थर संग-रेज़ो में तक़सीम हो गया
साये की ख़ामोशी
और फूल नहीं सहते!
तुम!
समुंदर को लहरों में तर्तीब मत दो
कि तुम ख़ुद अपनी तर्तीब नहीं जानते!
तुम!
ज़मीन पे चलना क्या जानो!
कि बुत के दिल में तुम्हें धड़कना नहीं आता।